Beiträge zur Ordnungstheorie und Ordnungspolitik

171

Herausgegeben vom

WALTER EUCKEN INSTITUT

Das selbstgeschaffene Recht der Wirtschaft

Zum Gedenken an Hans Großmann-Doerth (1894–1944)

Herausgegeben von

Uwe Blaurock
Nils Goldschmidt
Alexander Hollerbach

Mohr Siebeck

Uwe Blaurock, geboren 1943; 1970 Promotion; 1977 Habilitation; seit 1995 ord. Professor für Bürgerliches Recht, Handels- und Wirtschaftsrecht und Steuerrecht an der Universität Freiburg i. Br. und Direktor des Instituts für Wirtschaftsrecht, Arbeitsrecht und Sozialversicherungsrecht – Abt. I: Handels- und Wirtschaftsrecht.

Nils Goldschmidt, geboren 1970; 2001 Promotion; Forschungsreferent am Walter Eucken Institut in Freiburg.

Alexander Hollerbach, geboren 1931; 1957 Promotion; 1964 Habilitation; ab 1969 Ordinarius für Rechts- und Staatsphilosophie, Geschichte der Rechtswissenschaft und Kirchenrecht an der Universität Freiburg i. Br. und Direktor des Seminars für Rechtsphilosophie und Kirchenrecht; 1996 Emeritierung.

ISBN 3-16-148653-6

Die Deutsche Bibliothek verzeichnet diese Publikation in der Deutschen Nationalbibliographie; detaillierte bibliographische Daten sind im Internet über *http://dnb.ddb.de* abrufbar.

Das Buch wurde von Gulde-Druck in Tübingen auf alterungsbeständiges Werkdruckpapier gedruckt und von der Buchbinderei Nädele in Nehren gebunden.

ISSN 1434-3371

Vorwort

Am 24. Mai 2004 veranstaltete das Walter Eucken Institut gemeinsam mit der Rechtswissenschaftlichen Fakultät der Albert-Ludwigs-Universität Freiburg eine Gedenkveranstaltung aus Anlaß des 60. Todestages des Juristen Hans Großmann-Doerth. Großmann-Doerth war ab 1933 bis zu seinem Tod im Jahr 1944 Ordinarius der Rechts- und Staatswissenschaftlichen Fakultät der Universität Freiburg und gehörte zu den Mitinitiatoren der Freiburger Schule um Walter Eucken. Nicht zuletzt wird sein früher Tod im Alter von 49 Jahren ein Grund dafür gewesen sein, daß Großmann-Doerth lange Zeit in der Forschung unbeachtet geblieben ist. Mit der vorliegenden Publikation wollen wir an seinen Lebensweg erinnern und seine Bedeutung für die Freiburger Schule und für die Rechtswissenschaft würdigen.

Zusätzlich zu den beiden für die Drucklegung erweiterten Festvorträgen der Gedenkveranstaltung enthält der Band eine Einführung in die Lehren der Freiburger Schule entlang der von Großmann-Doerth gemeinsam mit Walter Eucken und Franz Böhm verfaßten Programmschrift „Unsere Aufgabe“ von 1936. Aufgenommen haben wir darüber hinaus einen Wiederabdruck der Freiburger Antrittsvorlesung „Selbstgeschaffenes Recht der Wirtschaft und staatliches Recht“ von Großmann-Doerth aus dem Jahr 1933. Ergänzt werden diese Aufsätze durch eine tabellarische Übersicht über die Lebensdaten von Großmann-Doerth, eine Liste der gemeinsamen Seminare von Hans Großmann-Doerth mit Freiburger Wirtschaftswissenschaftlern und eine Bibliographie seiner Schriften, die auch um die von ihm betreuten Dissertationen erweitert wurde. Wir freuen uns insbesondere, daß auch Fotografien sowie Auszüge aus Briefen von Großmann-Doerth zum Abdruck kommen. Letztere wurden uns erst kurz vor der Drucklegung bekannt; der Kontext wird durch die editorische Vorbemerkung, die wir den Briefen vorangestellt haben, erschlossen.

Unser Dank gilt Frau Susanne Sick und Dr. Ulrich Großmann-Doerth, die uns Archivmaterialien zu ihrem Vater zur Verfügung gestellt haben. Dr. Christine Blumenberg-Lampe (Archiv für Christlich-Demokratische Politik,

St. Augustin) danken wir für die Abdruckgenehmigung von zwei Fotografien und eines Briefes aus dem Nachlaß ihres Vaters. Dipl.-Volksw. Wendula Gräfin von Klinckowstroem hat die sorgfältige Durchsicht des Manuskripts übernommen, Herr Tilman Wehinger die Erstellung des Personenregisters. Dipl.-Volksw. Marc H. Speck, dessen im Jahr 2002 abgeschlossene Diplomarbeit eine Vielzahl neuer Aspekte zur Forschung über Großmann-Doerth beigetragen hat, gilt ebenfalls unser Dank für seine Mitarbeit.

Freiburg, im Juni 2005

Uwe Blaurock
Nils Goldschmidt
Alexander Hollerbach

Inhalt

Nils Goldschmidt

Zur Einführung: Hans Großmann-Doerth und die Freiburger Schule

I.

Hans Großmann-Doerth, der 1933 auf eine Professur für Handels-, Wirtschafts- und Arbeitsrecht sowie für Bürgerliches Recht an die Albert-Ludwigs-Universität Freiburg berufen wurde, gilt neben dem Nationalökonomen Walter Eucken und dem Juristen Franz Böhm als Mitbegründer der Freiburger Schule. Doch im Gegensatz zu Eucken und Böhm, deren Bedeutung für die moderne Wirtschafts- bzw. Rechtswissenschaft und deren prägender Einfluß auf die westdeutsche Nachkriegsordnung weithin anerkannt sind, ist Großmann-Doerth bis heute der „unbekannte Dritte" geblieben und außer dem Faktum, daß er eben zum engen Kreis der frühen Ordoliberalen gehörte, ist wenig über ihn bekannt. Die Beiträge von Alexander Hollerbach und Uwe Blaurock in diesem Band bieten erstmals einen umfassenden Einblick in das Leben und Werk dieses vergessenen Rechtswissenschaftlers. Doch auf welche Denkweise traf Großmann-Doerth bei seinen Freiburger Kollegen? Welches sind die Grundzüge der Freiburger Schule?

1936/37 begründete Hans Großmann-Doerth zusammen mit Böhm und Eucken die Schriftenreihe „Ordnung der Wirtschaft", deren Erscheinen oft als die Geburtsstunde der Freiburger Schule und des Ordoliberalismus angesehen wird.[1] Der Schriftenreihe wurde von den Herausgebern ein Prolog mit

[1] So z.B. *Heinz Grossekettler*, Die Wirtschaftsordnung als Gestaltungsaufgabe. Entstehungsgeschichte und Entwicklungsperspektiven des Ordoliberalismus nach 50 Jahren Sozialer Marktwirtschaft, Münster 1997, S. 5. Der Begriff „Freiburger Schule" umfaßt die Forschungs- und Lehrgemeinschaft an der Universität Freiburg in den 1930er und 1940er Jahren um Walter Eucken, Franz Böhm und Hans Großmann-Doerth. Dies entspricht einem Ordoliberalismus i.e.S. Davon kann man in theoriegeschichtlicher Perspektive einen Ordoliberalismus i.w.S. unterscheiden, der – in Abgrenzung zu anderen liberalen Strömungen – die Notwendigkeit von Grundprinzipien zur Errichtung einer Wirtschaftsordnung betont (um wettbewerbsvernichtenden Tendenzen entgegenzuwirken) und gewisse regulierende Eingriffe akzeptiert. Dieser Strömung können dann z.B. auch Alexander Rüstow, Wilhelm Röpke, Alfred Müller-Armack und Ludwig Erhard zugerechnet werden.

dem Titel „Unsere Aufgabe“ vorangestellt, in dem die Grundanliegen der Freiburger zwar knapp, aber zugleich eindrücklich dargelegt werden.[2] In einem frühen, namentlich nicht gekennzeichneten Leitartikel in der Frankfurter Zeitung heißt es zum Vorwort der Herausgeber: „Denn dieses Vorwort, für das bemerkenswerterweise zwei Juristen und ein Nationalökonom gemeinsam zeichnen – eine sonst nicht gerade häufige Form der Zusammenarbeit zweier Fakultäten –, beleuchtet in geradezu klassischer Eindringlichkeit und Kürze die Lage der Rechts- und Staatswissenschaft.“[3]

Auf ihren gut 14 Seiten entwickeln Großmann-Doerth, Eucken und Böhm nicht mehr und nicht weniger als eine neue Programmatik für die sozialwissenschaftliche Forschung. *Methodisch* wandten sich die drei Freiburger Professoren gegen die historische Bewegung in den Wissenschaften, *praktisch* gegen eine von einzelwirtschaftlichen Interessen geleitete Wirtschaftspolitik. Dies soll im folgenden etwas näher ausgeführt werden.

---

[2] Das erste Heft der Reihe ist: *Franz Böhm*, Die Ordnung der Wirtschaft als geschichtliche Aufgabe und rechtsschöpferische Leistung. Nebst Einleitung der Herausgeber (= Ordnung der Wirtschaft. Herausgegeben von Franz Böhm, Walter Eucken und Hans Großmann-Doerth, Heft 1), Stuttgart und Berlin 1937. Das Buch von Böhm trägt zwar die Nummer 1, ist in der zeitlichen Abfolge jedoch erst als drittes der Reihe erschienen. Im Jahr 1936 wurden bereits die Abhandlung von *Hans Gestrich*, Neue Kreditpolitik, und die Untersuchung von *Friedrich A. Lutz*, Das Grundproblem der Geldverfassung, veröffentlicht. Letztere enthält – wie das Buch von Böhm – die für das Freiburger Konzept programmatische Einleitung der Herausgeber. Als viertes und letztes Heft der Reihe erschien 1937 die Habilitationsschrift von *Leonhard Miksch*, Wettbewerb als Aufgabe. Zur Rezeption der Schriftenreihe siehe *Daniela Rüther*, Der Widerstand des 20. Juli auf dem Weg in die Soziale Marktwirtschaft. Die wirtschaftspolitischen Vorstellungen der bürgerlichen Opposition gegen Hitler, Paderborn u.a. 2002, S. 89. In einem Brief an seine Mutter Irene schreibt Walter Eucken aus Anlaß der Publikation des Bandes von Franz Böhm: „Franz Böhms großes Buch … ist mit unserer Einleitung in unserer Reihe soeben erschienen. Ich glaube, es wird Aufsehen machen.“ Thüringer Universitäts- und Landesbibliothek Jena (ThULB): Nachlaß *Rudolf Eucken*, V, 12, Brief vom 8. Mai 1937. Siehe hierzu: *Uwe Dathe/Nils Goldschmidt*, Wie der Vater, so der Sohn? Neuere Erkenntnisse zu Walter Euckens Leben und Werk anhand des Nachlasses von Rudolf Eucken in Jena, in: ORDO 54 (2003), S. 49–74.

[3] Wissenschaft als Gestaltung, in: Frankfurter Zeitung vom 29. November 1936, S. 3. Eucken schreibt hierzu: „Daß der Leitartikel über unsere Schriftenreihe für deren Einführung und Verbreitung wichtig ist, ist sicher.“ ThULB, Nachlaß *Rudolf Eucken*, a.a.O., Brief vom 5. Dezember 1936.

II.

Obgleich das Vorwort ohne Frage in charakteristischer Weise das gemeinsame Gedankengut von Böhm, Eucken und Großmann-Doerth widerspiegelt, stammt der Text wohl weitgehend aus der Feder des Nationalökonomen[4] – entsprechend scheint es gerechtfertigt, die Ausführungen von „Unsere Aufgabe" zunächst mit dem erkenntnistheoretischen Programm Euckens in Verbindung zu setzen. Nach Eucken, seit 1927 Professor für Nationalökonomie in Freiburg[5], lag die Schwäche der Rechts- und Wirtschaftswissenschaften seiner Jahre darin, daß sie sich in einem Gewirr aus Historismus, Relativismus und Fatalismus verheddert hatten und in einem methodisch luftleeren Raum dahinvegetierten. Verharrt man – so der Gedankengang Euckens – jedoch bei den Tatsachen und dringt nicht bis zu den Vernunftwahrheiten vor, eilt man von einer zeitgebundenen Theorie zur nächsten und dringt nicht in das System der reinen Theorie ein: „Auf diese Weise verliert die Nationalökonomie schließlich jeden Halt; sie läuft hinter den Ereignissen her; sie fällt von einer Krise in die andere."[6] In ähnlicher Diktion heißt es auch im Vorwort von Böhm, Eucken und Großmann-Doerth: „Wie kann der Geist die Tatsachen gestalten, wenn er sich selbst vor dem Gang der Tatsachen verneigt?"[7] In klarer Analogie zur Phänomenologie Edmund Husserls, der zur „Schaffung einer Wissenschaft von den letzten Gründen"[8] aufgerufen hat, geht es auch den Begründern der Freibur-

---

[4] Zusammen mit einem Brief vom 14. Oktober 1936 übersandte Eucken seiner Protegée Elisabeth Liefmann-Keil auch die „Herausgeber-Einleitung", die, wie er schreibt „mit Ausnahme einiger Sätze ... von mir stammt". Siehe hierzu *Nils Goldschmidt/Wendula Gräfin v. Klinckowstroem*, Elisabeth Liefmann-Keil. Eine frühe Ordoliberale in dunkler Zeit, in: Wirtschaft, Politik und Freiheit. Hrsg. v. Nils Goldschmidt, Tübingen 2005, S. 187. Die von *Rüther* (a.a.O., S. 90) angeführte Behauptung, hinter dem Text stände der Versuch, die Politik im neuen Reich zu manipulieren, ist nicht schlüssig. Zur Kritik: *Helge Peukert*, Die wirtschafts- und sozialpolitischen Zielsetzungen des Freiburger Kreises, in: Wirtschaft, Politik und Freiheit, a.a.O., S. 275. *Ralf Ptak* behauptet in seiner jüngst erschienenen Dissertation (Vom Ordoliberalismus zur Sozialen Marktwirtschaft. Stationen des Neoliberalismus in Deutschland, Opladen 2004), daß die Texte der Schriftenreihe gar ein „konkretes Beratungsangebot an den Nationalsozialismus" (S. 91) gewesen seien.

[5] Über die Biographie Euckens informiert *Wendula Gräfin v. Klinckowstroem*, Walter Eucken: Eine biographische Skizze, in: Walter Eucken und sein Werk. Rückblick auf den Vordenker der sozialen Marktwirtschaft. Hrsg. v. Lüder Gerken, Tübingen 2000, S. 53–115.

[6] *Walter Eucken*, Die Grundlagen der Nationalökonomie, Berlin, 9. Aufl., 1989, S. 232.

[7] Unsere Aufgabe, a.a.O., S. XIII.

[8] *Edmund Husserl*, Krisis der Wissenschaft (Text nach Husserliana VI), Hamburg 1992, S. 149. Zum Einfluß Husserls auf die ordoliberale Theorie siehe *Rainer Klump*, On the

ger Schule um eine „krisenfestere Wissenschaft"[9], die den „Trümmerhaufen"[10] historischer Einzelerkenntnisse beseitigen kann. Gelingen wird dies aber nur, wenn der Wissenschaftler sich selbstbewußt dieser Aufgabe stellt und sie mit Entschiedenheit einer allgemeinen und umfassenden Lösung zuführt; gefordert ist eine geistige Haltung, die dieser Aufgabe gewachsen ist: „Was in diesen einleitenden Worten gesagt werden kann," – so Böhm, Eucken und Großmann-Doerth – „betrifft weniger den *Inhalt* der Arbeit als vielmehr die geistige *Haltung*, mit der an diese Aufgabe herangegangen werden muß."[11] Unabdingbar ist hierbei das Vertrauen auf die Macht der Vernunft:

> „Nur der innerlich Schwache sieht in der Ratio eine Bedrohung, wird durch sie unsicher und zwiespältig, stürzt sich aus Angst vor der nüchternen Welt der Tatsachen und der Vernunft in den Rausch des Irrationalen, in fiebernde Begeisterung. Der Starke aber fühlt einen Kraftzuwachs, wo immer er die Vernunft verwenden kann: Bei Erhellung des Dunkels, das den Handelnden umgibt, und bei Einsatz seiner Machtmittel. – Aus dieser Überzeugung heraus, die sich auf die geschichtliche Erfahrung stützt, wollen wir die wissenschaftliche Vernunft, wie sie in der Jurisprudenz und in der Nationalökonomie zur Entfaltung kommt, zum Aufbau und zur Neugestaltung der Wirtschaftsverfassung zur Wirkung bringen."[12]

Gegen „den Nebel frei schwebender Ideologien hindurch" fordern die drei Freiburger in ihrer Programmschrift, daß „zu den Tatbeständen und zu den Erfordernissen der Sache selbst vorgestoßen werden"[13] muß. Gemeint ist hiermit die spezifische ordoliberale Forschungsmethode, die vor allem von Walter Eucken zunächst in seinen „Kapitaltheoretischen Untersuchungen" von 1934 vorgezeichnet und dann in seinem ersten großen Hauptwerk von 1940 „Die Grundlagen der Nationalökonomie" im Detail formuliert wurde. Eucken entwickelt hier das Konzept der „‚pointierend hervorhebenden' oder ‚isolierenden' Abstraktion". Ausgehend von der Alltagserfahrung sollen mittels dieses

---

phenomenological roots of German „Ordnungstheorie": What Walter Eucken owes to Edmund Husserl, in: L'ordolibéralisme allemand. Aux sources de l'Economie sociale de marché. Hrsg. v. Patricia Commun, Cergy-Pontoise 2003, S. 149–161 und *Nils Goldschmidt*, Entstehung und Vermächtnis ordoliberalen Denkens. Walter Eucken und die Notwendigkeit einer kulturellen Ökonomik, Münster 2002, Kap. 3.1.

[9] *Eucken*, a.a.O., S. 233.

[10] *Walter Eucken*, Wissenschaft im Stile Schmollers, in: Weltwirtschaftliches Archiv 52 (1940), S. 474.

[11] Unsere Aufgabe, a.a.O., S. VIII, Hervorhebungen im Original.

[12] Unsere Aufgabe, a.a.O., S. XVII f.

[13] Unsere Aufgabe, a.a.O., S. XVIII.

abstrahierenden Verfahrens die „reinen“ Formen gefunden werden, die der Wirklichkeit und den jeweils realisierten Wirtschaftsformen zugrunde liegen.[14] Diese vernunftgeleitete, auf das Allgemeine ausgerichtete Sichtweise, der Gedanke, „die Einzelfragen der Wirtschaft als Teilerscheinungen einer höheren Einheit zu sehen“[15], bedeutete den klaren Bruch mit dem Historismus und die Provokation gegenüber der historischen Schule der Nationalökonomie. Bernhard Laum, seit 1936 Professor in Marburg, Vertreter der historischen Sichtweise und in bedenklicher Nähe zur NS-Ideologie, sah in der Einleitung von Böhm, Großmann-Doerth und Eucken folglich einen Angriff auf die herrschende Theorie und letztlich eine Fortführung des Methodenstreites, wie er zwischen dem Haupt der jüngeren historischen Schule, Gustav von Schmoller, und dem Vordenker der österreichischen Schule, Carl Menger, aufgeworfen wurde – eine Einschätzung, die durchaus passend ist, wiewohl die drei Freiburger für sich gerade in Anspruch nahmen, das überwunden zu haben, was Eucken als die „große Antinomie“ von „individuell-historischer“ und „allgemein-theoretischer“ Vorgehensweise umschrieb.[16]

---

[14] „Wie aus zwei Dutzend Buchstaben eine gewaltige Mannigfaltigkeit von Worten verschiedener Zusammensetzung und verschiedener Länge gebildet werden kann, so aus einer beschränkten Zahl elementarer, reiner Formen zu wirtschaften eine unübersehbare Mannigfaltigkeit konkreter Wirtschaftsordnungen.“ *Eucken*, Grundlagen (wie Anm. 6), S. 72.

[15] Unsere Aufgabe, a.a.O., S. XVIII. Auf diesen Gedankengang wird der Neoidealismus des Vaters von Walter Eucken, des Philosophen und Literaturnobelpreisträgers von 1908, Rudolf Eucken, entscheidenden Einfluß gehabt haben. In seiner Schrift „Prolegomena und Epilog“ (Berlin, Leipzig 1922) schreibt Rudolf Eucken: „[E]ine Wirklichkeit gegenüber dem Bereich der Erscheinungen erlangt es [das Geschehen, N.G.] nur, wenn sich auf dem Boden der Zeit eine übergeschichtliche Ordnung erschließt und den Menschen in ein Reich ewiger Wahrheit erhebt; nur das kann dem Leben ein Beisichselbstsein verleihen und ihm ein angemessenes Ziel gegenüber allen Sorgen und Mühen geben“ (S. 136). Zum Ansatz Rudolf Euckens siehe *Friedrich Wilhelm Graf*, Die Positivität des Geistigen. Rudolf Euckens Programm neo-idealistischer Universalintegration, in: Kultur und Kulturwissenschaften um 1900. Band II: Idealismus und Positivismus. Hrsg. v. Gangolf Hübinger/Rüdiger vom Bruch/Friedrich Wilhelm Graf, Stuttgart 1997, S. 53–85. Auch Franz Böhm fühlte sich wohl der Gedankenwelt Rudolf Euckens verbunden; vgl. *Dathe/Goldschmidt*, a.a.O., S. 62.

[16] Siehe *Berhard Laum*, Methodenstreit oder Zusammenarbeit? Randbemerkungen zu einem Angriff auf die historische Nationalökonomie, in: Schmollers Jahrbuch 61 (1937), S. 257–273. Dabei ist auffällig, daß Laum seine Position an Max Weber anschließt, Eucken hingegen Weber in seiner Replik zu Laum „Die Überwindung des Historismus“ harsch kritisiert (Schmollers Jahrbuch 62 (1938), insb. S. 212 f.). Laum konterte Euckens Replik nochmals mit einigen Zeilen, in denen er Eucken eine „Verabsolutierung des Ökonomischen“ vorwirft (Schmollers Jahrbuch 62 (1938), hier S. 216). Vgl. zu dieser Ausein-

Das Ziel dieser Freiburger Methode wird im Prolog der drei Herausgeber klar benannt: Im Vordringen zur „Sache selbst" – so die Formulierung im Vorwort wie auch später in Euckens „Grundlagen"[17] – geht es um die Erkenntnis der „Ordnungsprinzipien dieser Wirtschaft"[18]. Die Erkenntnis dieser Prinzipien bedeutet aber in rechtswissenschaftlicher Diktion nichts anderes als die Erkenntnis, daß die Ordnung der Wirtschaft gebunden ist an die Idee der Wirtschaftsverfassung: „Da sämtliche Gebiete der Wirtschaft miteinander verknüpft sind, ist diese grundsätzliche Betrachtung die einzige, die der Sache gerecht wird. Die Behandlung aller konkreten rechts- und wirtschaftspolitischen Fragen muß an der *Idee der Wirtschaftsverfassung* ausgerichtet sein."[19]

Damit ergibt sich aber auch die praktische wirtschaftspolitische Aufgabe. Die „Ordnung der Wirtschaft" bedeutet der Wirtschaft die Ordnung zu geben, die für die Gesamtheit der Wirtschaft wie auch der Gesellschaft zuträglich ist: „Die Wirtschaftsverfassung ist als eine politische Gesamtentscheidung über die Ordnung des nationalen Wirtschaftslebens zu verstehen."[20] Somit liegt bereits in diesem frühen Zeugnis der Freiburger Schule das Gedankengebäude des Ordoliberalismus in seinen charakteristischen

---

andersetzung *Annette Wittkau*, Historismus. Zur Geschichte des Begriffs und des Problems, Göttingen 1992, S. 179–181 und *Karl Brandt*, Geschichte der deutschen Volkswirtschaftslehre. Band 2: Vom Historismus bis zur Neoklassik, Freiburg 1993, S. 243–245. Zur „großen Antinomie" siehe *Eucken*, Grundlagen (wie Anm. 6), S. 15–23.

[17] Unsere Aufgabe, a.a.O., S. XVIII und *Eucken*, Grundlagen (wie Anm. 6), S. 22. Die Formulierung ist freilich erneut eine Übernahme des Husserlschen Denkens. Siehe erstmals 1901 in *Edmund Husserl*, Logische Untersuchungen. Zweiter Band I. Teil: Untersuchungen zur Phänomenologie und Theorie der Erkenntnis (Text nach Husserliana XIX/1), Hamburg 1992, S. 7. Vgl. zu dieser Formel und ihrem Ort im philosophischen Denken: *Andreas Becke*, Der Weg der Phänomenologie. Husserl, Heidegger, Rombach, Hamburg 1999, S. 36, Anm. 13.

[18] Unsere Aufgabe, a.a.O., S. XIX.

[19] Unsere Aufgabe, a.a.O., S. XVIII, Hervorhebung im Original. In den kürzlich publizierten Vorlesungen Michel Foucaults am Collège de France 1977-1979 (deutsch: Geschichte der Gouvernementalität. 2 Bände, Frankfurt a.M. 2004) faßt Foucault in seinen umfangreichen und lesenswerten Überlegungen zum Ordoliberalismus diesen zentralen Grundzug der Freiburger Schule pointiert zusammen: „Wir müssen zu einer Ebene des bewußten Wirtschaftsrechts übergehen, und zwar durch die historische Analyse, die zeigt, wie und inwiefern die Institutionen und die Rechtsregeln und die Wirtschaft sich gegenseitig bedingen, und von da aus müssen wir uns der möglichen Veränderungen bewußt werden, die an diesem ökonomisch-juridischen Komplex vorgenommen werden sollen." (2. Band, S. 236).

[20] Unsere Aufgabe, a.a.O., S. XIX.

Grundzügen vor: Die spezifische Betonung von Ordnung, die Idee einer eigenständigen Ordnungspolitik, die auf die Gestaltung eines bestimmten Ordnungsrahmens zielt, die sowohl der wirtschaftlichen Entwicklung als auch der Freiheit der Menschen zuträglich ist. Im Zentrum steht die Ausformung einer Wirtschaftsverfassung, die als bewußt gesetzte Gesamtentscheidung über die Ordnung des Wirtschaftslebens eines Gemeinwesens zu verstehen ist. Die wirtschaftliche Ordnung ist dabei nicht unabhängig von den anderen Teilordnungen der Gesellschaft, es besteht vielmehr eine „Interdependenz der Ordnungen". Dabei ist der „Wettbewerb … ein wesentliches Ordnungsprinzip"[21], aber zugleich ist der Wettbewerb auch immer – und zwar vorrangig – eingebunden in die Gesamtordnung, wie Franz Böhm in seinem Buch in der Reihe „Ordnung der Wirtschaft" herausstellt: „Denn auch das Recht der freien Marktwirtschaft anerkennt die Freiheit nur im Rahmen der Ordnung. Bei einem Konflikt zwischen Freiheit und Ordnung kommt dem Gesichtspunkt der Ordnung unbedingter Vorrang zu."[22] Eine solche Ordnung ist geeignet, sich jeder Form von Vermachtung und Privilegiensuche entgegenzustellen und so dem Gesamt- und nicht dem Einzelinteresse zu dienen. Auch diese Zielsetzung ist in „Unsere Aufgabe" bereits klar benannt und führt zum Anfang des Vorworts der Herausgeber zurück:

> „Verzichtet die Wissenschaft auf diese Rolle [als unabhängiger Ratgeber, N.G.] oder wird sie ihr aberkannt, dann treten andere, weniger berufene Ratgeber an ihre Stelle – die Interessenten. Sie sind sicherlich sachverständig für die technischen Details ihres Berufszweiges, aber sie sind ebenso sicher *nicht* sachverständig und können es nicht sein in der Beurteilung der gesamtwirtschaftlichen Zusammenhänge; und sie sind außerdem durch ihre wirtschaftliche Interessenlage gebunden, was in aller Regel unbewußt dazu führt, daß sie das Wohlergehen ihres Berufzweiges mit dem der Gesamtwirtschaft verwechseln. Hört der Staat auf *sie*, dann treten an Stelle von wirtschaftspolitischen Entscheidungen, die auf einer genauen Kenntnis der großen ordnenden Prinzipien des Wirtschaftslebens beruhen, sich in diese Gesamtordnung einfügen und von ihr aus ihren Sinn erhalten, Entscheidungen, die dem Systemgedanken der gegebenen Wirtschaft entgegenlaufen und aus einer geregelten Ordnung ein Chaos zu machen tendieren."[23]

---

[21] Unsere Aufgabe, a.a.O., S. XX.

[22] *Franz Böhm*, a.a.O., S. 101. Zum Überblick über den ordoliberalen Ansatz vgl. *Gerold Blümle/Nils Goldschmidt*, Walter Eucken und das ordoliberale Programm, in WISU – Das Wirtschaftsstudium 32 (2003), S. 1539–1543.

[23] Unsere Aufgabe, a.a.O., S. VIII, Hervorhebungen im Original.

III.

Das ordoliberale Programm in „Unsere Aufgabe“ entspricht dem wissenschaftlichen Grundanliegen von Großmann-Doerth.[24] Darüber hinaus verdankt sich die Zusammenarbeit zwischen Großmann-Doerth, Eucken und Böhm auch *institutionell*[25] und in ihrer *wirtschaftspolitischen* Ausrichtung maßgeblich den Ideen von Großmann-Doerth: im Zentrum steht die Einbindung privatautonomer Rechtsetzung in eine Rahmenordnung und der Schutz vor Ausbeutung von Machtverhältnissen. Zwar hat auch Eucken bereits in seiner Arbeit von 1932 „Staatliche Strukturwandlungen und die Krisis des Kapitalismus“[26] die fatalistische Sicht wirtschaftlicher Zwangsläufigkeiten und die monopolistischen Machtstellungen (der Weimarer Zeit) kritisiert, doch ist gerade die Frage nach der privaten Macht in einer freien Wirtschaft von Großmann-Doerth als zentrale Problemstellung thematisiert worden.[27] Vor allem die Behandlung des Kartellrechts – die ja den Ausgangspunkt für die universitäre Zusammenarbeit von Böhm, Großmann-Doerth und Eucken in den Gemeinschaftsseminaren bildete[28] – dürfte wohl mehr auf den Arbeiten der beiden Juristen denn auf den Ideen des Nationalökonomen fußen. Wie auch immer man nun im Detail die Entstehungsphase der Freiburger

---

[24] Siehe hierzu die Ausführungen von *Uwe Blaurock* in diesem Band.

[25] Zur ausführlichen Beweisführung siehe den Beitrag von *Alexander Hollerbach* in diesem Band.

[26] In: Weltwirtschaftliches Archiv 36 (1932), S. 297–323.

[27] Es bliebe zu untersuchen, inwieweit das Problem der Macht wirtschaftlicher Interessengruppen erst durch die Zusammenarbeit mit Großmann-Doerth und Böhm seinen zentralen Platz im Denken Euckens und der Freiburger Schule erhalten und in das ordnungspolitische Paradigma integriert werden konnte.

[28] Siehe hierzu die Übersicht über die Lehrveranstaltungen in diesem Band, S. 115 f. Die erste Gemeinschaftsveranstaltung im Wintersemester 1933/34 führte Großmann-Doerth mit dem Finanzwissenschaftler Adolf Lampe durch. Wie jedoch der z.T. im Nachlaß Lampe im Archiv für Christlich-Demokratische Politik der Konrad-Adenauer-Stiftung, Sankt Augustin (ACDP I-256), erhaltene Briefwechsel belegt, gab es zwischen Lampe und Großmann-Doerth im Verlauf des Seminars deutliche Differenzen, bei denen Eucken und Böhm schlichtend eingegriffen haben. Lampe und Großmann-Doerth haben später auch im Rahmen der von Lampe geführten Volkswirtschaftlichen Gesellschaft (VG) zusammengearbeitet. Die Aufarbeitung der Rolle der VG für die Freiburger Schule, aber auch für den Widerstand der Freiburger gegen das NS-Regime, ist ein Desiderat der Forschung. Siehe jedoch *Klaus-Rainer Brintzinger*, Die Nationalökonomie an den Universitäten Freiburg, Heidelberg und Tübingen 1918-1945, Frankfurt a. M. 1996, S. 88 ff.

Schule rekonstruieren mag[29], Großmann-Doerths Rolle dabei war wohl vor allem die des eher praktisch ausgerichteten Juristen, der auch in der universitären Zusammenarbeit den Anstoß zur praktischen, interdisziplinären Zusammenarbeit gegeben hat. Nicht ohne Grund entwickelte sich das Freiburger Programm eben erst nach dem Zusammentreffen von Großmann-Doerth, Böhm und Eucken und nicht schon ab 1927, dem Jahr, in dem Eucken nach Freiburg wechselte.[30] Euckens Diktum über Großmann-Doerth, daß er, „eine energische und feste Persönlichkeit, wie sie sich selten findet" war, unterstreicht diese Einschätzung.[31]

Rückblickend stellte Großmann-Doerth dazu im Rahmen einer Fakultätssitzung im Februar 1936 fest[32]:

> „Im Wintersemester 1933/34 ... sammelte sich nämlich eine grössere Gruppe von Juristen und wirtschaftswissenschaftlichen Dozenten zu gemeinsamer pädagogischer und wissenschaftlicher Arbeit in dem von mir gemeinsam mit den Kollegen Eucken und Böhm veranstalteten kartellwirtschaftlichen und kartellrechtlichen Gemeinschafts-Seminar. Die in diesem Seminar zusammenwirkenden Dozenten fühlten sich untereinander verbunden durch Gemeinschaft des Charakters, der Lebens[grund]haltung und der fachlichen Ziele. Hier wurden die Grundfragen der Wirtschaftordnung zwischen Dozenten und Studenten, aber auch zwischen den Dozenten selbst im Geiste völliger und vorbehaltsloser Offenheit besprochen."[33]

Nach der engen Zusammenarbeit in den Gründerjahren der Freiburger Schule scheint sich Großmann-Doerth zumindest im Verlauf der Kriegsjahre vom universitären Leben entfernt zu haben. Inwieweit Großmann-Doerth Teilen der NS-Ideologie ambivalent gegenüberstand und inwieweit dies auch sein Verhältnis zu den Freiburger Kollegen zunehmend belastete, ist

---

[29] Zum Überblick *Klaus-Rainer Brintzinger*, Von „autochthonen Botschaften" zur Freiburger Schule – der Paradigmawechsel in der Freiburger Nationalökonomie als Voraussetzung für Widerstand, in: Wirtschaft, Politik und Freiheit, a.a.O., S. 123–145.

[30] Franz Böhm kam 1932 nach Freiburg.

[31] ThULB, Nachlaß *Rudolf Eucken*, a.a.O., Brief vom 20. Juli 1935.

[32] Im Mittelpunkt der Fakultätssitzung stand die Zusammenarbeit zwischen Fakultät, Fachschaft und Studentenschaft. Für die genauere Einordnung siehe *Nils Goldschmidt*, Die Rolle Walter Euckens im Widerstand: Freiheit, Ordnung und Wahrhaftigkeit als Handlungsmaximen, in: Wirtschaft, Politik und Freiheit, a.a.O., S. 295 ff.

[33] Protokoll der erweiterten Fakultätssitzung der Rechts- und Staatswissenschaftlichen Fakultät vom 18. Februar 1936, ausgearbeitet von Dr. Böhm, auf Grund der Aufzeichnungen und Erinnerungen der Professoren Eucken, Grossmann-Doerth, Lampe und der Dozenten Lutz und Böhm, S. 1 f. Nachlaß Adolf Lampe Archiv für Christlich-Demokratische Politik der Konrad-Adenauer-Stiftung, Sankt Augustin (ACDP): ACDP I-256 A002, S. 2.

eine Frage, deren Klärung weiterer Forschung bedarf.[34] Großmann-Doerth gehörte auch nie zum Kern der Freiburger Kreise und war nicht einbezogen in deren Kampf gegen das NS-Regime. Welches Urteil zur Rolle Großmann-Doerths – der jedoch nie Mitglied der NSDAP war[35] – sich letztendlich auch herausbilden wird: es ist die anstehende Aufgabe der Rechtsgeschichte wie der ökonomischen Theoriegeschichte, Großmann-Doerths Bedeutung für die Entstehung der Freiburger Forschungs- und Lehrgemeinschaft historisch wie systematisch weiter aufzuhellen. Die folgenden Beiträge und Dokumente dieses Bandes wollen so dabei helfen, daß die Leistungen Großmann-Doerths, des bislang „unbekannten Dritten" der Freiburger Schule, umfassend und kritisch gewürdigt werden.

---

[34] Insbesondere Walter Oswalt hat sich jüngst kritisch zur Rolle Großmann-Doerths geäußert. Siehe *Walter Eucken*, Wirtschaftsmacht und Wirtschaftsordnung. Hrsg. v. Walter Eucken Archiv. Mit einem Nachwort von Walter Oswalt, Münster 2001, S. 104 und *Walter Oswalt*, Liberale Opposition gegen den NS-Staat. Die Entwicklung von Walter Euckens Sozialtheorie, in: Wirtschaft, Politik und Freiheit, a.a.O., S. 317 f. Siehe hierzu auch die ausgewogene Darstellung in dem Beitrag von *Alexander Hollerbach* in diesem Band.

[35] Nach Kriegsende, im Jahre 1947, erklärt der neue Rektor der Universität, Arthur Allgeier, auf Anfrage der französischen Behörden: „Großmann-Doerth ist niemals Mitglied der NSDAP oder einer ihrer Gliederungen gewesen. Er ist vielmehr den rechtsgefährdenden und rechtszerstörenden Maßnahmen des Nationalsozialismus als akademischer Lehrer und als Schriftsteller klar und wirkungsvoll entgegengetreten. Er hat als Professor der Albert-Ludwigs-Universität auch Konflikte mit NS-Parteistellen tapfer bestanden." Personalakte Großmann-Doerth (Universitätsarchiv Freiburg, Erklärung des Rektors der Universität vom 24. November 1947 auf Anfrage der französischen Besatzungsbehörden). Den Hinweis hierauf verdanke ich *Marc H. Speck*.

Alexander Hollerbach

Hans Großmann-Doerth im Kontext der Freiburger Rechts- und Staatswissenschaftlichen Fakultät

I.

In einer für die Geschichte der Universität Freiburg außerordentlich bedeutsamen Quelle lesen wir:

> „24. Mai: Heute Nachmittag drei Uhr Gedenkfeier für Großmann-Doerth im Kuppelsaal der Universität, der nahezu gefüllt war. Auch die meisten Rotarier waren da. Die drei Reden von dem Dekan der Fakultät, Böhmer (sic!), der den Toten als Mensch und Charakter, als Soldaten würdigte, von einem Schüler und von Beyerle waren vorzüglich durch ihre strenge Sachlichkeit, frei von allem hohlen Pathos, und würdig in der ausgezeichneten Würdigung dieser hochidealen, markig charaktervollen und hochstrebenden Persönlichkeit".

Wer dies in sein Tagebuch notiert hat, ist der renommierte Theologe Joseph Sauer, Professor für Patrologie und christliche Archäologie an der Theologischen Fakultät, ein hellsichtig-kritischer Chronist[1].

Wir haben damit schon eine substantielle Aussage eines Zeitgenossen über das moralisch-intellektuelle Profil des Mannes, dessen Leben und Werk wir uns zu vergegenwärtigen suchen[2]. Sie kann uns geradezu als Leitstern dienen. Aber auch die anderen Elemente dieser Notiz verdienen bei dem Versuch, auf die maßgebenden Kontexte zu achten, Aufmerksamkeit. Daß Rotarier-Freunde in Erscheinung traten, war keineswegs selbstverständlich, denn die Rotarier-Clubs in Deutschland hatten sich 1937 unter

---

[1] Universitätsarchiv Freiburg C 67/37. Zu Sauer vgl. jetzt die maßgebende Analyse von *Claus Arnold*, Katholizismus als Kulturmacht. Der Freiburger Theologe Joseph Sauer (1872-1949) und das Erbe des Franz Xaver Kraus, Paderborn 1999.

[2] Die damalige Feier ist dokumentiert: Hans Großmann-Doerth zum Gedächtnis. Ansprachen bei der Akademischen Feierstunde am 24. Mai 1944 im Kuppelsaale der Albert-Ludwigs-Universität. Hektographiert, 27 S. Auf dem Deckblatt heißt es: „Angefertigt für die bei der Wehrmacht befindlichen Studierenden der Rechts- und Staatswissenschaftlichen Fakultät". Gustav Boehmer sprach „Gedenkworte" (S. 1/2), Günther Wendt „Dankworte im Namen der Hörer" (S. 5-8), Franz Beyerle hielt die „Gedächtnisrede" (S. 9–27).

Druck aufgelöst, nachdem sie sich der Gleichschaltung widersetzt hatten[3]. Der von Joseph Sauer nicht mit Namen genannte Schüler war der damalige Referendar Günther Wendt, später Dozent für Strafrecht und Kirchenrecht und im Hauptamt als Oberkirchenrat Mitglied der Leitung der Evangelischen Landeskirche in Baden[4]. Er vertrat die studentische Kriegsgeneration. Durch eine früh erlittene Verwundung auch äußerlich gezeichnet, hatte er die Möglichkeit, noch während des Krieges seine Studien fortzusetzen und Examen zu machen. Mit Gustav Boehmer[5] und Franz Beyerle[6] repräsentierten zwei markante Gelehrte die Fakultät, die ihr noch gar nicht lange angehörten, nämlich Boehmer seit 1941, Beyerle seit 1938. Der regimekritische Freimut Boehmers war sprichwörtlich. Da das Handelsrecht traditionellerweise zur Kompetenz des Germanisten gehörte, stand Beyerle Großmann-Doerth fachlich am nächsten. Beyerle hatte sich zum nationalsozialistischen Regime und zur „neuen Rechtswissenschaft" eher distanziert verhalten. Für seine persönliche Integrität mag der Hinweis genügen, daß er nach 1945 Mitglied der internen Reinigungskommission der Universität war.

II.

Die Beziehungen zwischen Hans Großmann-Doerth und der Freiburger Rechts- und Staatswissenschaftlichen Fakultät währten nur knapp zwölf

---

[3] Vgl. dazu Materialien im Nachlaß Sauer, C 67/542, ferner *Arnold* (Anm. 1) S. 375. Aus der Rechts- und Staatswissenschaftlichen Fakultät gehörte nur Walter Eucken dem Freiburger Rotary-Club an. Zu klären bleibt, warum sich Großmann-Doerth veranlaßt fühlte, am 27.8.1937 dem Rektor mitzuteilen, daß er aus dem Rotary-Club ausgetreten sei (Universitätsarchiv B 24/1096).

[4] Zu Günther Wendt (1919-2004) siehe *Alexander Hollerbach*, Kirchenrecht und Staatskirchenrecht in Freiburg 1945-1967, in: Festschrift für Martin Heckel, hrsg. v. Karl-Hermann Kästner, Knut Wolfgang Nörr, Klaus Schlaich, Tübingen 1999, S. 85–101 (bes. S. 88).

[5] Zu ihm siehe *Karl Friedrich Kreuzer*, Einleitung zu Gustav Boehmer, Zur Entwicklung und Reform des deutschen Familien- und Erbrechts. Ausgewählte Schriften, Tübingen 1970, S. VII–XV.

[6] Über ihn *Bernhard Diestelkamp*, in: ders./Michael Stolleis (Hrsg.), Juristen an der Universität Frankfurt am Main, Baden-Baden 1989, S. 148–160; *ders.*, Drei Professoren der Rechtswissenschaft in bewegter Zeit. Heinrich Mitteis (1889-1952), Franz Beyerle (1885-1977), Friedrich Klausing (1887-1944), Mainz-Stuttgart 2000, S. 15–20 (Akademie der Wissenschaften und Literatur. Abhandlungen der geistes- und sozialwissenschaftlichen Klasse, Jg. 2000, Nr. 4).

Jahre. 1932 hatte Heinrich Hoeniger[7], Ordinarius für Bürgerliches Recht, Handelsrecht und Arbeitsrecht, einen Ruf nach Kiel angenommen. Bei der Suche nach einem Nachfolger kam Großmann-Doerth in die engere Wahl. Für den 17. Mai 1932 notiert Erik Wolf – er war gerade dreißig Jahre alt geworden –: „Reise im Fakultätsauftrag nach Prag, um Großmann-Doerth abzuhören"[8]. Alsbald konnte die Berufungsliste beschlossen werden: Hans Großmann-Doerth, Alfred Hueck[9], Ernst Hirsch[10]. Das Ministerium folgte der Plazierung. Großmann-Doerth wird berufen. Mit dem Sommersemester 1933 beginnt er seine Lehr- und Forschungstätigkeit in Freiburg als Inhaber des teilweise neu umschriebenen Lehrstuhls für Handelsrecht, Wirtschaftsrecht, Arbeitsrecht und Bürgerliches Recht, des, wie es in den Akten heißt, „modernrechtlichen" Lehrstuhls.

Der am 9. September 1894 in Hamburg als Sohn eines angesehenen Meteorologen geborene Großmann-Doerth brachte Prägungen mit, die für seine Generation nicht untypisch sind[11]. Als Mitglied der Deutschen Freischar hatte er sich in der bündischen Jugend engagiert. Besonders prägend war gewiß das Erlebnis des Ersten Weltkriegs, in den er als Kriegsfreiwilliger gezogen war. Erst 1920 kehrte er aus französischer Gefangenschaft zurück. Man darf damit gewiß nüchternen Realitätssinn und Illusionslosigkeit in Verbindung bringen. Nach den juristischen Examina war er eine Zeitlang als hamburgischer Amtsrichter tätig und war so dem konkreten Leben nahe. Hinzu kamen dann in besonderer Weise seine Erfahrungen in und mit der Welt der juristischen Wissenschaft.

---

[7] Über ihn siehe *Manfred Löwisch*, Badische Biographien I (1982) S. 177 f. Bei dieser Gelegenheit darf daran erinnert werden, daß Hoeniger, 1934 nach Frankfurt versetzt und dann zwangsemeritiert, nach seiner Rückkehr aus dem Exil neben erneuter Tätigkeit in Frankfurt von 1951 bis 1953 einen Lehrauftrag für Arbeitsrecht an der Universität Freiburg übernommen und dort den Anstoß zur Neugründung eines arbeitsrechtlichen Instituts gegeben hat.

[8] Die Tagebuchnotizen Erik Wolfs, derzeit noch in privater Hand, stehen demnächst im Universitätsarchiv Freiburg zur Verfügung.

[9] Über Alfred Hueck (1889-1975) siehe DBE 5 (1997) S. 207.

[10] Über Ernst Eduard Hirsch (1902-1985) siehe DBE 5 (1997) S. 60. In seiner Autobiographie „Aus des Kaisers Zeiten durch die Weimarer Republik in das Land Atatürks" (München 1982) hat Niederschlag gefunden, daß er in Freiburg als Nachfolger Hoenigers im Gespräch war. Er berichtet auch, daß er von Erik Wolf „abgehört" wurde (S. 154 f.).

[11] Die biographischen Daten, die aus den Akten zu entnehmen sind, sind in der Arbeit von *Marc H. Speck* sorgfältig zusammengestellt und ausgewertet: Hans Großmann-Doerth. Leben und Werk. Volkswirtschaftliche Diplomarbeit Freiburg, 2002. 83 S. (Betreuer: Gerold Blümle). Zur Grundorientierung über Person und Werk Großmann-Doerths vgl. ergänzend insbesondere *Franz Böhm*, NDB 7 (1966) S. 155. Über den Vater, Louis Adolf Großmann (1855-1917), siehe *Heinrich Seilkopf*, NDB 7 (1966) S. 154 f.

Unter dem Eindruck von Moritz Liepmann[12], einem Anhänger Franz von Liszts, war er anfänglich dem Strafrecht zugetan. 1923 wurde er mit der Arbeit „Die Schuldformen des künftigen Strafrechts“ promoviert, einer Arbeit, die 1924 in erweiterter Form unter dem Titel „Die Grenze von Vorsatz und Fahrlässigkeit. Ein Beitrag zu einer alten Frage“ im Druck erschienen ist[13]. Die intensive dogmengeschichtliche Fundierung und der dogmatische Scharfsinn fallen auf, insbesondere aber die klare Zentrierung auf den Rechtsgutsbegriff und die Abwehr eines Gesinnungsstrafrechts. Die Arbeit hat in der zeitgenössischen Diskussion Beachtung gefunden. Von besonderem Reiz ist natürlich die Beobachtung, daß sich Erik Wolf in seiner Schuldlehre von 1928[14] anerkennend mit ihr als einem Zeugnis einer objektivistischen Auffassung auseinandergesetzt und sie als wertvollen Diskussionsbeitrag gewürdigt hat.

Aber das Strafrecht war offenbar doch nicht der Hans Großmann-Doerth gemäße weitere Weg. Vielleicht war es ein Unbehagen an der Dominanz einer komplizierten Rechtsdogmatik im Strafrecht, das ihn davon wegführte und ihn die Chance ergreifen ließ, bei einem anderen bedeutenden Hamburger Rechtsgelehrten seine Sporen zu verdienen, nämlich bei Hans Wüstendörfer auf dessen Arbeitsfeld, dem Handels- und Wirtschaftsrecht[15]. Unter seiner Ägide habilitierte er sich 1928. Die 1930 erschienene Habilitationsschrift über „Das Recht des Überseekaufs“[16] wurde zu einem Standardwerk, vor allem durch die Erfassung und Auswertung von Handelsbräuchen und überhaupt von ungeschriebenem, praktiziertem Recht, dem Klauselrecht, mit anderen Worten dem „law in action“ im Unterschied zum „law in the books“. Hinzu kam die notwendige Überschreitung der Grenzen des nationalen Rechts. Aspekte eines Weltrechts wurden sichtbar.

Die kennzeichnenden Stichworte für die Ausrichtung des Arbeitens von Großmann-Doerth fielen in spezifischer Weise in seiner Hamburger An-

---

[12] Über Moritz Liepmann (1869-1928) siehe *Monika Frommel*, NDB 14 (1985) S. 534 f., ferner DBE 6 (1997) S. 391.

[13] Hamburgische Schriften zur gesamten Strafrechtswissenschaft, hrsg. v. Moritz Liepmann, Heft 6.

[14] Strafrechtliche Schuldlehre. Erster Teil: Die gegenwärtige Lage, die theoretischen Voraussetzungen und die methodologische Struktur der strafrechtlichen Schuldlehre, Mannheim/Berlin/Leipzig 1928, S. 35–37.

[15] Über Hans Wüstendörfer (1875-1951) siehe DBE 10 (1999) S. 595.

[16] Erschienen ist (nur) ein Band I, und zwar als Heft 11 der Überseestudien zum Handels-, Schiffahrts- und Versicherungsrecht, hrsg. v. Hans Wüstendörfer und Ernst Bruck.

trittsvorlesung mit dem Titel „Der heutige Wirtschafts-Jurist“[17], nämlich Rechtstatsachenforschung und Rechtsvergleichung. In alledem wird das „Bedürfnis nach größerer Lebensnähe“[18] betont, die Notwendigkeit, die normativistische Isoliertheit des Rechts und der Juristen zu überwinden.

Nachdem Großmann-Doerth 1930 als Extraordinarius an die deutsche Universität in Prag[19] berufen worden war, kam eine spezifische Thematik hinzu, die ihn hinfort stark beschäftigen sollte: Für den fünften Deutschen Juristentag in der Tschechoslowakei hat er ein umfangreiches Gutachten über das Recht der Gesellschaft mit beschränkter Haftung ausgearbeitet[20] und sich damit für das Gesellschaftsrecht ausgewiesen, ja man möchte sagen, er hat sich auf ein Thema eingeschossen, das ihn wegen seiner rechtsgrundsätzlichen Bedeutung nicht mehr loslassen sollte[21]. Prag – das steht aber auch für die weitere Differenzierung seiner politischen Erfahrungswelt, insbesondere wegen der Begegnung mit der Situation einer nationalen Minderheit in Gestalt der Sudetendeutschen[22].

III.

Der Start in Freiburg am Beginn des Sommersemesters 1933 fiel in eine Zeit der Um- und Aufbrüche, der Erschütterungen und Turbulenzen, von denen bekanntlich die Rechts- und Staatswissenschaftliche Fakultät in besonderer Weise betroffen, ja heimgesucht war: Wahl Heideggers zum Rektor, beginnende Verdrängung jüdischer Universitätsangehöriger, kurzlebiges

---

[17] Erschienen in: Rechtsstaatsidee und Erziehungsstrafe. Abhandlungen zur Erinnerung an Dr. iur. Dr. phil. Moritz Liepmann, Professor der Rechte und Richter in Hamburg, Heidelberg 1930, S. 77–89 (Beiheft 3 der Monatsschrift für Kriminalpsychologie und Strafrechtsreform).

[18] A.a.O. S. 82.

[19] Leider ist die Geschichte der Deutschen Universität Prag seit der Teilung 1882/83 nicht zusammenfassend aufgearbeitet. Für die juristische Sparte kann nur verwiesen werden auf: *Gerhard Oberkofler*, Die Vertreter des Römischen Rechts mit deutscher Unterrichtssprache an der Karls-Universität in Prag. Vom Vormärz bis 1945, Frankfurt a. M. 1991. Wichtige Aspekte aus eigenem Erleben aber bei *Guido Kisch*, Der Lebensweg eines Rechtshistorikers. Erinnerungen, Sigmaringen 1975, S. 33–50. Informationen über das Staats- und Verwaltungsrecht ferner bei *Michael Stolleis*, Geschichte des öffentlichen Rechts in Deutschland. 3. Band: 1914-1945, München 1999, S. 297.

[20] Reform des Gesetzes betreffend die Gesellschaft mit beschränkter Haftung, in: Fünfter Deutscher Juristentag in der Tschechoslowakei. Gutachten, Eger 1931, S. 166–263.

[21] Siehe dazu unten bei Anm. 25.

[22] Vgl. dazu die Ausführungen am Beginn der Freiburger Antrittsvorlesung (Anm. 25) S. 3 f., in diesem Band S. 78.

Dekanat Erik Wolf, Streit um Adolf Lampe[23]. Schon am 11. Mai 1933 – zwei Wochen übrigens vor Heideggers bekannter Rektoratsrede[24] – hielt der Neuberufene seine Antrittsvorlesung zum Thema „Selbstgeschaffenes Recht der Wirtschaft und staatliches Recht“[25], in welcher er ein zentrales Problem analysierte, das ihn seit seinen Studien zum Überseekauf umtrieb und das er nun ganz grundsätzlich anging. Wir werden hierzu nachher Genaueres hören[26]. An dieser Stelle interessieren zunächst die prinzipielle Perspektive und der politische Akzent. Es geht einerseits um Freiheit und Autonomie gesellschaftlicher Kräfte, andererseits bedrängt ihn die Sorge um die Autorität des vom Gesetzgeber geschaffenen Rechts. Am Ende artikuliert er die Hoffnung auf den starken Staat, der „dem deutschen Volke die gerechte Lebensordnung zu verschaffen (vermag), nach welcher es verlangt“. Schließlich ruft er die Studenten zum „Dienst am Recht“ auf und sagt: „Unser aller heißer Wunsch ist, Sie möchten bei uns heranwachsen zu treuen, opferbereiten Soldaten des Rechtsgedankens, des Gedankens eines starken, gerechten, deutschen Volksrechtes!“[27].

Die Vokabel vom starken Staat war nicht neu[28]. In einer Zeit der extremen Krise von Liberalismus und parlamentarischer Demokratie lag sie gewissermaßen in der Luft. Dabei ging es in erster Linie um den Staat als Rechtsstaat, der in der Lage ist, durch sein Recht Freiheit und Sicherheit zu gewährleisten und so eine verläßliche Basis und einen festen Rahmen für

---

[23] Dazu grundlegend *Hugo Ott*, Martin Heidegger. Unterwegs zu seiner Biographie, Frankfurt a. M. 1988, S. 131–248. Siehe auch *Hugo Ott/Bernd Grün*, Das Rektorat Heidegger: Ein schwieriges Kapitel der Freiburger Universitätsgeschichte, in: Freiburger Universitätsblätter, Heft 145 (1999) S. 155–170. – Sehr plastisch sagt Großmann-Doerth in dem unter Anm. 57 aufgeführten Dokument: „Als ich im Sommersemester 1933 nach Freiburg kam, da herrschte an der Universität gleichzeitig Schwung und Durcheinander.“

[24] Die Selbstbehauptung der deutschen Universität. Rede, gehalten bei der feierlichen Übernahme des Rektorats der Universität Freiburg i. Br. am 27.5. 1933, Breslau 1933 (Freiburger Universitätsreden, 11).

[25] Freiburg i. Br.: Wagner 1933 (Freiburger Universitätsreden, 10), wiederabgedruckt in diesem Band S. 77 ff. Im Hinblick auf eine später zu behandelnde Problematik (bei Anm. 64) besteht Anlaß zu dem Hinweis, daß in der Antrittsvorlesung nur *ein* Name fällt (und das in sehr positivem Sinne), nämlich der des jüdischen Gelehrten *Arthur Nussbaum* (1877-1964), des Mitbegründers der Rechtstatsachenforschung. Vgl. dazu *Gerd Kleinheyer/Jan Schröder* (Hrsg.), Deutsche und Europäische Juristen aus neun Jahrhunderten, 4. Aufl., Heidelberg 1996, S. 501.

[26] Siehe in diesem Band den Beitrag von *Uwe Blaurock*.

[27] A.a.O. S. 27 u. 29 bzw. in diesem Band S. 93 u. 94.

[28] Symptomatisch für die damalige Diskussionslage *Heinz O. Ziegler*, Autoritärer oder totaler Staat?, Tübingen 1932.

gesellschaftliches Leben, insbesondere bei der Entfaltung wirtschaftlicher Kräfte, zu schaffen. Der Ordo-Gedanke scheint auf. Und wenn – in für uns heute befremdlicher Manier – von „Soldaten des Rechtsgedankens" die Rede ist, so darf man das mit dem unter Juristen geflügelten Wort vom „Kampf ums Recht"[29] in Verbindung bringen. Indes: es ist nicht gemeint das Recht in seinem Interessencharakter und in seiner Technizität; vielmehr geht es um den innersten Sinngehalt des Rechts als Ausdruck der Gerechtigkeit. In diesem Sinne begegnet uns übrigens der Ausdruck „Rechtsgedanke" als Chiffre für die Besinnung auf das Grundsätzliche bei Großmann-Doerth häufig.

Daß bei solchen im Mai 1933 gesprochenen Worten Hoffnungen und Erwartungen in bezug auf die eindeutig und nicht verschleiernd so genannte „Staatsumwälzung"[30] im Spiel waren, ist offenkundig.

Ein Vierteljahr später rechnet sich Großmann-Doerth in einem Brief an Rektor Heidegger zu denjenigen, die „an das Dritte Reich glauben und daher an seiner Verwirklichung mitarbeiten möchten"[31]. Aber der Tenor dieses Briefes ist ein anderer: Großmann-Doerth macht gegenüber Rektor Heidegger seiner Empörung über einen skandalösen Vorfall Luft. Bei einem Wehrsport-Lager in Löffingen haben Studenten eine Demonstration gegen einen regimekritischen Bürger inszeniert, sozusagen „kochende Volksseele" gespielt, was dann auch zu dessen Verhaftung führte. „Was sich in Löffingen abgespielt hat", so schreibt Großmann-Doerth an den Rektor, „ist eine besonders unerfreuliche Mischung von Lüge und Gewalt". Und er beruft sich dagegen auf ein „Wort des Herrn Reichskanzlers", wonach Deutschland wieder ein „Reich von Ehre, Treue und Anständigkeit" sei.

Ehre, Treue und Anständigkeit: Darauf setzte Großmann-Doerth in der Tat, dafür engagierte er sich. Mag er eine Weile an das Dritte Reich und seine Versprechungen geglaubt haben. Dieser „Glaube" hat bemerkenswerterweise nicht – auch später nicht – zum Eintritt in die Partei oder zu sonstigem politischen Engagement geführt. Er hat sich nicht blenden lassen. Alsbald war Distanzierung angesagt.

---

[29] Titel der berühmten Schrift von *Rudolf von Jhering*, Der Kampf ums Recht (Nachdruck in der Reihe „Deutsches Rechtsdenken", hrsg. v. Erik Wolf, 8. Aufl., bearbeitet von Alexander Hollerbach, Frankfurt a. M. 2003).

[30] A.a.O. S. 27, in diesem Band S. 93.

[31] Brief vom 5. September 1933, Universitätsarchiv B 1/3026. Der Antwortbrief von Heidegger trägt das gleiche Datum; er ist veröffentlicht in *Martin Heidegger*, Gesamtausgabe Bd. 16: Reden und andere Zeugnisse eines Lebensweges, Frankfurt a. M. 2000, S. 165. Vgl. dazu auch die Anm. des Herausgebers in diesem Band, S. 793.

Aber erschien nicht im Januarheft 1934 der Hanseatischen Rechts- und Gerichtszeitschrift ein Aufsatz mit dem Titel „Sinnlos gewordenes liberales Wirtschaftsrecht – eine Aufgabe nationalsozialistischer Rechtserneuerung"?[32] Großmann-Doerth also im Sog zeitgenössischer ideologischer Programmatik, etwa nach Art der Konzeption des „Deutschen Sozialismus"? Man vergegenwärtige sich einmal einen Kernsatz dieser sich damals formierenden Konzeption: „Der politische Führungswille des Reiches, in dem die völkische Lebenskraft konkret erscheint, und nicht mehr der selbsttätige Mechanismus des freien Marktes, ist das Bewegungsgesetz der deutschen sozialistischen Wirtschaft"[33].

Bei Großmann-Doerth zeigt sich eine ganz andere Spur, und darin findet eine bedeutsame Erfahrung aus dem Freiburger Kontext Niederschlag, erkennbar schon formal an dem nachdrücklichen Hinweis auf Franz Böhms Buch „Wettbewerb und Monopolkampf", einem „Grund-Buch" der später so genannten Freiburger Schule. Dieses Buch, so sagt er in dem genannten Aufsatz, ist „zu den schönsten und tiefsten Leistungen deutschen Rechtsdenkens der Gegenwart zu zählen". Und er fügt hinzu: „Dies auszusprechen, ist mir Bedürfnis insbesondere auch deswegen, weil ich kaum je von einem juristischen Werke so stark mich persönlich bereichert und gefördert gefühlt habe wie von diesem Buch"[34]. Diese Feststellung findet später eine Steigerung, wenn Großmann-Doerth sich in einem Brief an einen Jenenser Kollegen sogar ausdrücklich als einen „Schüler" Böhms bezeichnet[35]. Wie ist das zu verstehen?

[32] Hanseatische Rechts- und Gerichtszeitschrift 17 (1934) Sp. 19–42.

[33] *Ernst Rudolf Huber*, Verfassungsrecht des Großdeutschen Reiches, Hamburg 1939, S. 471. Die dort gegebene Darstellung beruht auf einer früheren Arbeit von Ernst Rudolf Huber aus den Anfängen des Dritten Reiches: Die Gestalt des deutschen Sozialismus, Hamburg 1934.

[34] A.a.O. Sp. 22, Anm. 1. Vgl. dazu auch *Clemens Zacher*, Die Entstehung des Wirtschaftsrechts in Deutschland. Berlin 2002, S. 18 (Anm. 17), der treffend in dem Aufsatz von Großmann-Doerth „ein reines Lippenbekenntnis zu diesem Staat" sieht.

[35] Brief vom 9.1.1936, Universitätsarchiv B 110/331.

IV.

Franz Böhm[36] war noch 1932 unter dem Patronat von Heinrich Hoeniger promoviert worden. „Der Kampf des Monopolisten gegen den Außenseiter als wettbewerbsrechtliches Problem", so lautete der Titel seiner Dissertation. Als Untertitel war hinzugefügt: „Vorstudien zu einer Untersuchung über die Struktur des Wettbewerbs- und Kampfrechts"[37]. Die Habilitation sollte sich nach Böhms und auch der Fakultät Wunsch bald anschließen. Anfang April 1933 reichte Böhm seine Habilitationsschrift über „Wettbewerb und Monopolkampf" ein, in die seine Dissertation als erster Teil eingegangen ist. Großmann-Doerth wurde zum Erstreferenten bestellt. Korreferent war Claudius Freiherr von Schwerin, ein drittes Gutachten wurde von Walter Eucken erstattet.

Sehr deutlich heben die Gutachten Stoßrichtung und Rang der Böhmschen Habilitationsschrift hervor. Sie präsentiere sich als ein Manifest für den rechtlich umhegten Leistungswettbewerb als Grundelement einer freien Wirtschaft. Großmann-Doerth schreibt, und hier klingen Momente an, die im weiteren Weg Böhms bedeutsam werden sollten:

---

[36] Die folgende Darstellung basiert auf meinem Beitrag: Wissenschaft und Politik: Streiflichter zu Leben und Werk Franz Böhms (1895-1977), in: Staat, Kirche, Wissenschaft in einer pluralistischen Gesellschaft. Festschrift zum 65. Geburtstag von Paul Mikat, hrsg. v. Dieter Schwab u. a., Berlin 1989, S. 283–299, insbesondere S. 285–287. Die biographisch-werkgechichtlichen Zusammenhänge sind jetzt auch eingehend dargestellt bei *Traugott Roser*, Protestantismus und Soziale Marktwirtschaft. Eine Studie am Beispiel Franz Böhms, Münster 1998, besonders S. 40–72. Für die allgemeine Diskussion über Böhm sind die Studien von *Knut Wolfgang Nörr* bedeutsam: An der Wiege deutscher Identität nach 1945: Franz Böhm zwischen Ordo und Liberalismus, Berlin-New York 1993; Die Leiden des Privatrechts, Tübingen 1994 (darin das 3. Kapitel: Vom Kartellrecht zum Wettbewerbsrecht: Franz Böhm 1933 und die Institutionalisierung des Wettbewerbs, S. 101–126). Nachdrücklicher Hinweis schließlich auf *Ernst-Joachim Mestmäcker*, Art. Böhm, Baden-Württembergische Biographien I (1994) S. 34–37, ferner auf die Analyse von *Clemens Zacher*, a.a.O. (Anm. 34) S. 240–247.

[37] Diss. iur. Freiburg 1933, 95 S. Das Dissertationsexemplar enthält einen kurzen Lebenslauf, aus dem hier die Schlußpassage wiedergegeben sei: „Vom Sommersemester 1919 bis zum Wintersemester 1921/22 studierte ich Rechtswissenschaften an der Universität Freiburg und legte im Jahre 1922 in Karlsruhe das Referendarexamen ab. Nach zweijährigem Vorbereitungsdienst bei badischen Gerichten und Verwaltungsbehörden bestand ich im Jahre 1924 die Staatsprüfung für den höheren Justiz- und Verwaltungsdienst in Karlsruhe. Ende 1924 wurde ich zum Staatsanwalt beim Landgericht Freiburg ernannt und vom Februar 1925 bis zum 30. September 1931 zur Dienstleistung als Referent im Reichswirtschaftsministerium zu Berlin beurlaubt".

> „In stärksten Gegensatz zu den seit langem die kartellrechtliche Diskussion beherrschenden Schriftstellern vereinigt Böhm eine in langjähriger Arbeit auf dem Wirtschaftsministerium erworbene Sachkenntnis mit Unparteilichkeit. Sehr wirksam wendet er sich öfter gegen die Vernebelungsaktionen, die gerade auf diesem Gebiet immer wieder von Seiten der Interessenten und noch mehr ihrer juristischen Vertreter ausgehen. Die kräftige und männliche Ethik, welche überall hindurchschimmert, ist einer der schönsten Züge des Buches. Das aber ist gerade das, was dem wirtschaftsrechtlichen Hochschulunterricht heute in erster Linie notwendig ist: Lehrer, die einerseits durch Arbeit an irgendeiner Stelle des Wirtschaftslebens mit diesem und seinen Triebkräften lebendige Berührung gewonnen haben und die andererseits darüber nicht aufgehört haben, Juristen im echten Sinne des Wortes zu sein, d. h. Diener und Kämpfer des Rechtsgedankens“[38].

Das Habilitations-Kolloquium hatte das Thema „Die juristische Struktur der Einmann-Gesellschaft“ zum Gegenstand[39]. Es vollzog sich am 21. November 1933. Unter dem 3. Februar 1934 wurde die Habilitation Böhms für die Fächer Handels- und Wirtschaftsrecht vom Karlsruher Ministerium genehmigt. Seitdem übte Böhm, dessen Beurlaubung aus dem Justizdienst erneut verlängert worden war, eine Lehrtätigkeit als Dozent an der Freiburger Universität aus. Großmann-Doerth und Böhm waren nunmehr in aller Form Kollegen.

Bevor ich auf die spezifische Zusammenarbeit der beiden zu sprechen komme, sei noch eine charakteristische Linie durchgezogen:

Als Böhm ab 1936 als Lehrstuhlvertreter in Jena wirkte, wurde er wegen regimekritischer Äußerungen, die die Judenpolitik betrafen, in ein Ermittlungsverfahren wegen Verstoßes gegen das, so möchte man sagen, heimtückische Heimtücke-Gesetz[40] verwickelt. Dieses Verfahren wurde zwar eingestellt. Das schützte ihn aber nicht vor einem Dienststrafverfahren. Hier wurde er in erster Instanz zur Entlassung aus dem Dienst verurteilt. Der Reichdienststrafhof hat den Vorfall aber milder beurteilt; er hätte als Sanktion nur eine Gehaltskürzung verhängt. Damit aber unterfiel die Sache einer Amnestie. Für uns ist bei dem heutigen Anlaß in alledem nur wichtig und bezeichnend: In beiden Instanzen wurde Böhm von seinem Freund Großmann-Doerth verteidigt[41].

---

[38] Universitätsarchiv B 110/331.

[39] Diese Probevorlesung ist unveröffentlicht geblieben.

[40] Gesetz gegen heimtückische Angriffe auf Staat und Partei und zum Schutz der Parteiuniformen vom 20. Dezember 1934 (RGBl. I, S. 1269).

[41] Das wird auch durch briefliche Äußerungen Ricarda Huchs, der Schwiegermutter Böhms, bezeugt: Siehe *Marie Baum*, Leuchtende Spur. Das Leben Ricarda Huchs, Tübingen und Stuttgart 1950, S. 392 und 400.

Und schließlich die letzte Konsequenz aus diesem eindrucksvollen Miteinander zweier freundschaftlich verbundener, in wesentlichen Fragen des Faches gleichsinniger Kollegen: Nach dem Tod Großmann-Doerths schlug die Freiburger Fakultät als dessen Nachfolger Franz Böhm vor. Das Wissenschaftsministerium sperrte sich allerdings, und so kam es zwar nicht zu einer förmlichen Berufung, aber immerhin zur Erteilung eines Lehrauftrags. Um dem Folge zu leisten, schlug sich Böhm noch Anfang April 1945 nach Freiburg durch. Dort stand er dann nach der Besetzung durch französische Truppen für die Mitwirkung am Um- und Wiederaufbau der Universität bereit. Prompt wurde er am 25. April zum Prorektor gewählt und anschließend in das freie Ordinariat für Handels-, Wirtschafts-, Arbeits- und Bürgerliches Recht eingewiesen. Sein Wirken in dieser Position war freilich nicht von langer Dauer. Böhm ließ sich noch Ende 1945 als Kultusminister für das Land Hessen abwerben und fand dann überhaupt eine neue Wirkungsstätte in Frankfurt am Main. Das hat wohl mit dazu beigetragen, daß in Freiburg die Erinnerung an Großmann-Doerth verblaßte.

V.

Lassen Sie mich in das Jahr 1933 zurückkehren. Die Lehrtätigkeit Großmann-Doerths[42] hatte, was die im Studienplan festgelegten Erfordernisse anlangt, ihren Schwerpunkt im Handels- und Gesellschaftsrecht sowie im Arbeits- und Wirtschaftsrecht. Und natürlich hielt Großmann-Doerth die klassischen Übungen im Bürgerlichen Recht und im Handelsrecht, bisweilen auch eigens für Volkswirte. Aber das spezifische Signum der Lehrtätigkeit zeigt sich anderswo, nämlich in Proseminaren und Seminaren, die gemeinsam mit Kollegen der wirtschaftswissenschaftlichen Sparte „für Juristen und Nationalökonomen" angeboten und durchgeführt wurden. Das ist gewissermaßen der cantus firmus, und er setzt schon im Wintersemester 1933/34 ein: Seminar über Grundlagen und Ziele einer rechtlichen Neugestaltung der Wirtschaftsordnung, gemeinsam mit Adolf Lampe. Im Sommersemester 1934 hält er gemeinsam mit Walter Eucken und Franz Böhm ein Seminar über Kartellrecht und Kartellpolitik, und ab Wintersemester 1934/35 bis Sommersemester 1939 findet in jedem Semester ein – so der jetzt feststehende Titel – „Wirtschaftspolitisches und wirtschaftsrechtliches Proseminar" statt, gemeinsam mit Eucken und Böhm bzw. mit Eucken al-

[42] Die folgenden Angaben sind den Vorlesungsverzeichnissen entnommen. Siehe auch die Zusammenstellung der von Großmann-Doerth angebotenen Lehrveranstaltungen bei *Speck*, a.a.O. S. 75–80 und die Angaben in diesem Band auf S. 115 f.

lein oder dann mit Eucken und Bernhard Pfister. Ab 1939 wird auch Martin Lohmann einbezogen. Jetzt nennt sich die Veranstaltung „Proseminar für Wirtschaftsordnung und Betriebspolitik".

Hier ist also die Keimzelle der sprichwörtlich gewordenen „Forschungs- und Lehrgemeinschaft zwischen Juristen und Volkswirten", wie sie im Zusammenhang mit dem Universitätsjubiläum von 1957 von Franz Böhm authentisch beschrieben worden ist[43]. Er hat dabei hervorgehoben, daß es zu keiner Zeit bei der „Drei-Mann-Gesellschaft" geblieben ist, sondern daß sich außer dem Dreigestirn Eucken, Großmann-Doerth, Böhm auch noch andere an der Seminargemeinschaft beteiligt haben, so Friedrich Lutz, Rudolf Johns, Constantin von Dietze, Karl Friedrich Maier und Paul Hensel[44]. Er hat auch den innersten Kern der Frage bezeichnet, der die Beteiligten gemeinsam beschäftigte, nämlich „die Frage der privaten Macht in einer freien Gesellschaft". Diese Frage führe, so heißt es dann „notwendig weiter zu der Frage, wie die Ordnung einer freien Wirtschaft beschaffen ist. Von da gelangt man zu der Frage, welche Typen und Möglichkeiten von Wirtschaftsordnung es überhaupt gibt, welche Rolle in ihnen jeweils die Macht spielt, und zwar sowohl die Macht der Regierung als auch die Macht von Privatpersonen und privaten Gruppen, und welche Ordnungsstörungen auftreten, wenn sich innerhalb des Staates und der Gesellschaft eine andere Machtverteilung herausbildet als diejenige, die dem jeweiligen Wirtschaftssystem ordnungskonform ist"[45].

An anderer Stelle hat Böhm auch deutlich artikuliert, daß die Initiative zu dieser Gemeinschaftsaktion von Großmann-Doerth ausging[46]. Dem korrespondiert die bedeutsame Rolle als Initialzündung, die Böhm der Freiburger Antrittsvorlesung Großmann-Doerths zusprach[47].

---

[43] Die Forschungs- und Lehrgemeinschaft zwischen Juristen und Volkswirten an der Universität Freiburg in den dreißiger und vierziger Jahren des 20. Jahrhunderts (Das Recht der Ordnung der Wirtschaft) in: Aus der Geschichte der Rechts- und Staatswissenschaften zu Freiburg i. Br., hrsg. v. Hans Julius Wolff, Freiburg i. Br. 1957, S. 95–113. Dieser Aufsatz auch in: *Franz Böhm*, Reden und Schriften, hrsg. v. Ernst-Joachim Mestmäcker, Karlsruhe 1960, S. 158–178.

[44] A.a.O. S. 95.

[45] A.a.O. S. 99.

[46] So eindeutig in seinem Artikel in: NDB 7 (1966) S. 155.

[47] Siehe dazu die ausführliche Wiedergabe und Kommentierung der Antrittsvorlesung von Großmann-Doerth in dem Freiburger Jubiläumsvortrag, a.a.O. S. 105–109.

VI.

Für die auf diese Weise im Verbund geleistete Lehr- und Forschungstätigkeit schuf sich Großmann-Doerth im Rahmen der Fakultät einen kleinen institutionellen Stützpunkt, und zwar in Gestalt des programmatisch so genannten „Seminars für Recht der Wirtschaftsordnung“[48]. Es war dies der neue Name für ein fakultätsübergreifendes Spezialinstitut für Versicherungswissenschaft, das, von Heinrich Rosin gegründet, von Heinrich Hoeniger fortgeführt worden war und das nun einer neuen Zielsetzung dienstbar gemacht wurde. Die Bestände dieses Instituts bzw. Seminars sind allerdings im Krieg den Bomben zum Opfer gefallen. Immerhin wurde der Mantel gewissermaßen von dem Seminar für vergleichendes Handels- und Wirtschaftsrecht unter der Leitung von Ernst von Caemmerer übernommen, das dann seinerseits in die Gründung des Instituts für Ausländisches und Internationales Privatrecht eingebracht wurde.

Lehrstuhl, Seminar im institutionellen Sinne und Seminar bzw. Proseminar im Sinne von Lehrveranstaltung bildeten zusammen den Rahmen, innerhalb dessen die Ausbildungsaufgaben und die Aufgaben der Forschungs- und Nachwuchsförderung erfüllt wurden. Unter diesem Aspekt mögen zunächst Urteile von Persönlichkeiten interessieren, die damals studiert und Großmann-Doerth als akademischen Lehrer erlebt haben. Günther Wendt, von dem schon eingangs die Rede war, wäre hier anzuführen[49]. Ich darf aber auch Karl Salm, später Oberlandesgerichtsrat und strafrechtlicher Autor, zitieren: „Großmann-Doerth bleibt mir unvergessen in seinem Ernst, die Richtigkeit seines Vortrags mit selbstkritischer Unerbittlichkeit an der Rechtsprechung – und hier insbesondere: an der gerechten Entscheidung des Einzelfalls! – zu erproben“[50].

Sodann kommt hier das Thema „Doktoranden“ ins Spiel. Soweit ersichtlich hat Großmann-Doerth siebzehn junge Juristen zur Promotion geführt[51]. Darunter ist etwa Karola Fettweis, die man in Freiburg als renommierte Anwältin kennt. Und einen der Doktoranden, dessen Arbeit denn auch in der angesehenen Reihe „Neue Forschungen“ publiziert worden ist, darf man

---

[48] Vgl. dazu *Alexander Hollerbach*, 100 Jahre Juristisches Seminar, in: Freiburger Universitätsblätter, Heft 108 (1990), S. 41–51 (49 f.). In einer kurzen Übergangsphase lautete der Titel noch „Seminar für Wirtschaftsordnung, Arbeits- und Versicherungsrecht“. Vgl. dazu auch *Ivana Mikešić*, Sozialrecht als wissenschaftliche Disziplin, Tübingen 2002, S. 110–112.

[49] Siehe oben bei Anm. 4

[50] Das vollendete Verbrechen, Berlin 1967, S. 68.

[51] Siehe die im Anhang (S. 119 f.) wiedergegebene Liste. Dort auch die näheren Angaben zu den im folgenden ausdrücklich genannten Dissertationen.

mit besonderer Betonung nennen, nämlich Hans Filbinger[52]. „Die Schranken der Mehrheitsherrschaft im Aktienrecht und Konzernrecht" war sein Thema. Aber da ist noch ein drittes bemerkenswertes Zeugnis. Karl Josef Partsch, der als „Vierteljude" nicht zum Staatsexamen zugelassen wurde, konnte dank der Betreuung durch Großmann-Doerth sein Studium mit der Promotion abschließen. „Das Zurückbehaltungsrecht. Eine dogmengeschichtliche und rechtstatsächliche Studie", so lautete der Titel der Dissertation. Der weitere Weg führte Partsch in andere wissenschaftliche Bereiche, vornehmlich in das Völkerrecht[53]. Aber wie stark er sich Großmann-Doerth verbunden fühlte, kommt darin zum Ausdruck, daß er einen seiner ersten Aufsätze, die er nach dem Krieg geschrieben hat – er handelte über „Grundfreiheiten und Besatzungsrecht" – ausdrücklich dem Andenken seines Lehrers Hans Großmann-Doerth widmete und ihn in den ersten Band des Jahrbuchs „Ordo" einbrachte[54].

Schließlich stoßen wir, wenn man nach der Resonanz von Großmann-Doerths Lehrtätigkeit fragt, noch auf einen anderen Aspekt, von dem aus ein Schlaglicht auf die konkrete Situation der Zeit fällt. Wenn man so will, gab es damals eine Art ideologischer Evaluation der Universitätslehrer seitens der Studenten. Das hat in Bezug auf Großmann-Doerth in einer Stellungnahme des Freiburger Fachgruppenleiters „Rechtswissenschaft" aus dem Jahre 1937 Niederschlag gefunden und liest sich so:

> „Seine weltanschauliche Haltung ist bedingt durch einen betont starken Realismus. Glaube und Idealismus fehlen ihm völlig ... . Versuche, die heute gemacht werden, durch Herausbildung einer neuen Wirtschaftsgesinnung auch die gewerbliche Wirtschaft in ähnlicher Weise zu ordnen, wie das bereits mit Erfolg in anderen Wirtschaftszweigen geschehen ist, bezeichnet er als ‚Ideologien von Wirtschaftspropheten', ‚Dogmen, die den Tatsachen Gewalt antun' u. ä. Seiner Auffas-

---

[52] Zur damaligen Situation siehe *Hugo Ott*, Hans Filbinger 1933-1940. Studium und Referendariat unter den Bedingungen des Dritten Reiches, in: Bruno Heck (Hrsg.), Hans Filbinger. Der „Fall" und die Fakten, Mainz 1980, S. 13–46. Siehe auch die Erinnerungen von Filbinger selbst: Die geschmähte Generation, München 1987, S. 32–35.

[53] Informationen über Partsch vor allem in folgenden Werken: Des Menschen Recht zwischen Freiheit und Verantwortung. Festschrift für Karl Josef Partsch zum 75. Geburtstag, hrsg. v. Jürgen Jekewitz, Karlheinz Klein, Detlef Kühne, Hans Petersmann, Rüdiger Wolfrum, Berlin 1989; In memoriam Karl Josef Partsch. Reden, gehalten am 21. Juni 1997 anläßlich der Gedenkfeier der Rechts- und Staatswissenschaftlichen Fakultät der Rheinischen Friedrich-Wilhelms-Universität von *Wolfgang Löwer* und *Rüdiger Wolfrum*, Bonn 1998 (Alma mater, 86).

[54] Ordo. Jahrbuch für die Ordnung von Wirtschaft und Gesellschaft, Bd. 1 (1948) S. 214–273.

> sung nach ist allein der Eigennutz die Triebfeder des menschlichen Handelns, insbesondere in der Wirtschaft. Aufgabe des Staates ist es, diesen in richtiger Weise zu steuern und der Volkswirtschaft dienstbar zu machen. Man kann vom einzelnen nicht die Wahrung gesamtwirtschaftlicher Interessen verlangen. Der freie Wettbewerb allein, der für alle wirtschaftenden Menschen unbequem ist, und den diese daher auszuschalten sich bemühen, ist auch heute noch das beste Ordnungsprinzip und Voraussetzung für die Erzielung von Höchstleistungen. Der Staat muß sich seiner bedienen, ihn fordern und rein halten. In ‚normalen Zeiten' wird man zu diesem Prinzip zurückkehren, die heutige Gestaltung ist daher vorübergehender Natur und durch die Not bedingt, aber nicht Zeichen eines wirtschaftlichen Strukturwandels ... . Großmann-Doerths Einstellung zur politischen Arbeit an der Hochschule muß als zurückhaltend bezeichnet werden ..."[55].

Fast möchte man sagen: Kommentar überflüssig! Man geht wohl nicht fehl in der Annahme, daß hinter der Aussage am Schluß dieser Stellungnahme Erfahrungen aus Auseinandersetzungen mit Studenten stehen, die in einem Brief von Ricarda Huch erwähnt werden, wo es denn heißt: „Schließlich hatte die feindliche Studentengruppe gesagt, Eucken, Großmann, Franz und Lampe müßten umgebracht werden"[56]. Was immer sich hier im einzelnen abgespielt hat: Die Studenten haben gespürt, daß sie von den Genannten nicht unkritische Linientreue und Systemkonformität erwarten konnten, sondern daß sie zu kritischem Denken herausgefordert waren[57].

---

[55] Aus einem Bestand des Staatsarchivs Würzburg, dessen Kenntnis ich Hugo Ott verdanke.

[56] *Ricarda Huch*, Briefe an die Freunde. Ausgewählt und eingeführt von Marie Baum, Tübingen 1955, S. 180. Vgl. auch Leuchtende Spur, S. 361 f.

[57] In der Darstellung von *Brintzinger* (unten Anm. 71, bes. S. 80–93) kommen die Spannungen und Auseinandersetzungen in der volkswirtschaftlichen Sparte, insbesondere im Verhältnis zur Studentenschaft, immer wieder zur Sprache. Sie spiegeln sich in eindrucksvoller Weise in dem von *Franz Böhm* ausgearbeiteten Protokoll einer erweiterten Fakultätssitzung vom 18. Februar 1936 wider (Nachlaß Lampe im Archiv für Christlich-Demokratische Politik, erwähnt auch bei *Brintzinger*, a.a.O., S. 89 Anm. 397). Was in diesem Zusammenhang Großmann-Doerth angeht, so mag zu seiner (Selbst-)Charakterisierung die Aussage hervorgehoben werden: „Ich habe mit allem Nachdruck und aus vollster Überzeugung an der Verlebendigung des akademischen Unterrichts, der wissenschaftlichen Forschung und echten Gemeinschaftsgeistes gearbeitet" (S. 5). Dementsprechend wendet er sich scharf gegen die Auffassung, Wissenschaft müsse in den Dienst einer Partei gestellt und auch in der Wissenschaft müsse das Führerprinzip zur Geltung gebracht werden. Wer glaubt, „bei der Erneuerung der Hochschule könne der Kurs allein von einer dabei beteiligten Organisation bestimmt werden", der habe „eine völlig verkehrte Auffassung vom Führerprinzip. Es ist denkbar verkehrt, das Führerprinzip da anzuwenden, wo echte Arbeitsgemeinschaft von innen und von unten her wachsen soll. Man kann das Führerprinzip auch nicht dahin auslegen, daß keine eigene und freie Regung mehr bestehen dürfe. Wir Deutschen sind kein Volk von Sklaven und sollen es auch in Zukunft nicht sein" (S. 55).

VII.

In der ganzen hier zu überblickenden Zeit stand neben der intensiven Lehrtätigkeit die literarische Produktion nicht still. 1934 erschien die Monographie „Die Rechtsfolgen vertragswidriger Andienung“[58]. In zwei Aufsätzen, die auf Stellungnahmen im betreffenden Ausschuß der Akademie für deutsches Recht zurückgehen, verfocht Großmann-Doerth seine kritisch-ablehnende Position gegenüber der Rechtsfigur der Gesellschaft mit beschränkter Haftung, die nach seiner Ansicht dazu verleitet, die Risiken unbillig zu Lasten der Gläubiger zu verteilen[59]. Für ihn war dieser hartnäckige Kampf gegen die GmbH ein Element in seinem Bemühen, „Gefahren für die Ordnungskraft und den Gerechtigkeitsgehalt des Privatrechts“ zu steuern, so hat es Franz Böhm ausgedrückt[60].

Von ganz anderem Zuschnitt war sein Grundriß des Wirtschaftsrechts, der zunächst im Rahmen eines Handbuchs mit dem Titel „Die Verwaltungsakademie“ erschienen ist, das sich dann aber „Grundlagen, Aufbau und Wirtschaftsordnung des nationalsozialistischen Staates“ nannte und von Lammers und Pfundtner herausgegeben wurde[61]. Auch der Titel des Beitrags von Großmann-Doerth erfuhr eine Änderung. Die drei ersten, etwa 1937 und 1939 herausgekommenen Fassungen hießen einfach „Wirtschafts-

---

[58] Nähere Angaben in der Bibliographie, unten S. 118.

[59] Vgl. dazu ebenfalls die Angaben in der Bibliographie, unten S. 118. Im übrigen vgl. zu diesem Komplex, den ich schon wegen mangelnder fachlicher Kompetenz hier nicht näher behandeln kann: Entwurf des Reichsjustizministeriums zu einem Gesetz über Gesellschaften mit beschränkter Haftung von 1939, hrsg. u. mit einer Einleitung versehen v. Werner Schubert, Heidelberg 1985, bes. S. 32 ff.; Akademie für deutsches Recht 1933-1945. Protokolle der Ausschüsse, Bd. II: Ausschuß für G.m.b.H.-Recht, hrsg. u. mit einer Einleitung versehen v. Werner Schubert, Berlin/New York 1986, S. VII ff und S. 10–17, hier das Referat von Großmann-Doerth über „Die Notwendigkeit der GmbH“ vom 8. Juni 1937. Umfassend jetzt *Matthias Stupp*, GmbH-Recht im Nationalsozialismus. Anschauungen des Nationalsozialismus zur Haftungsbeschränkung, Juristischen Person, Kapitalgesellschaft und Treuepflicht. Untersuchungen zum Referentenentwurf 1939 zu einem neuen GmbH-Gesetz, Berlin 2002 (Schriften zur Rechtsgeschichte, 93).

[60] So in dem Artikel über Großmann-Doerth, NDB 7 (1966) S. 155.

[61] Erste Fassung („Wirtschaftsrecht einschl. Gewerberecht“) in: Die Verwaltungsakademie. Ein Handbuch für den Beamten im nationalsozialistischen Staat. Bd. II. Gruppe 2. Die einzelnen Rechtsgebiete. Beitrag 36: Wirtschaftsrecht einschließlich Gewerberecht. – Zweite und dritte Fassung in: Grundlagen, Aufbau und Wirtschaftsordnung des nationalsozialistischen Staates, hrsg. v. H.-H. Lammers/Hans Pfundtner. Bd. II. Gruppe 2. Die einzelnen Rechtsgebiete. Beitrag 38. – Vierte Fassung unter dem Titel „Recht der deutschen Wirtschaftsordnung“ in: ebenda, Beitrag 38. – Leider gibt es keine exakten Angaben über die Erscheinungsdaten der jeweiligen Beiträge in diesem Sammelwerk.

recht einschließlich Gewerberecht", die vierte, vermutlich von 1940 oder 1941, hieß anspruchsvoller „Recht der deutschen Wirtschaftsordnung". Es handelte sich im wesentlichen um eine exakte lehrbuchmäßige Darstellung des geltenden Rechts, ohne dogmatische Vertiefung und rechtspolitische Auseinandersetzung. Sehr wohl aber läßt Großmann-Doerth seine Präferenz für eine Ordnung des Wettbewerbs erkennen, und es ist höchst kennzeichnend, daß er sich bei den Literaturangaben, die er in der dritten Fassung hinzugefügt hat, beschränkt auf, wie er sagt, „Werke von besonderer grundsätzlicher Bedeutung", nämlich Franz Böhm, Die Ordnung der Wirtschaft als geschichtliche Aufgabe und rechtsschöpferische Leistung, Leonhard Miksch, Wettbewerb als Aufgabe, – beide von 1937 – und Rudolf Brinkmann, Staat und Wirtschaft, 1938[62].

In der dritten Fassung dieses seines Handbuchbeitrags sah sich Großmann-Doerth genötigt, unter dem Gesichtspunkt der Information über das geltende Recht die diskriminierende Anti-Juden-Gesetzgebung von 1938 zu registrieren[63]. In der vierten Fassung hat er sich freilich nicht darauf beschränkt, sondern die Frage aufgeworfen, ob die Juden die Durchführung der Wettbewerbsordnung in besonderem Maße erschwert bzw. ob jüdische Unternehmer zur Verwilderung des Wettbewerbs beigetragen haben – und er hat die Frage mit einer harschen Formulierung auf der Linie der damaligen Propaganda und tendenziöser Publizistik bejaht[64]. Das will zu dem, was wir vorhin gehört haben und was wir noch hören werden, nicht passen – ein Querschläger gewissermaßen. Es wäre wichtig, Näheres über die Entstehungsbedingungen dieser Passage und über Reaktionen in Erfahrung zu

---

[62] „Staat und Wirtschaft" von *Rudolf Brinkmann* scheint nicht selbständig erschienen zu sein. Ein Beitrag mit diesem Titel ist aber enthalten in dem Werk des genannten Autors „Wirtschaftspolitik aus nationalsozialistischem Kraftquell", Jena 1939, S. 193–224.

[63] A.a.O. S. 35.

[64] „Diese Frage ist zu bejahen: neben besonderer Aktivität, neben seiner Fähigkeit, Erfolgsmöglichkeiten auf weite Sicht zu berechnen, neben schließlich seiner Anpassungsfähigkeit verdankt der jüdische Unternehmer einen großen Teil seiner Erfolge der besonderen Skrupellosigkeit in der Wahl seiner Mittel": a.a.O. S. 30. In einer Fußnote dazu führt Großmann-Doerth in erster Linie „*Sombart*, Die Juden und das Wirtschaftsleben, 1911" an, ein Werk, das in vielen neuen Auflagen erschienen war. Ferner weist er hin auf *Otto Rilk*, Judentum und Wettbewerb, 1937; dabei handelt es sich um einen Beitrag aus der Reihe „Das Judentum in der Rechtswissenschaft", Heft 9. Im übrigen dankt er Reichsgerichtsrat Stumpf dafür, daß er ihm wertvolles Material aus der wettbewerbsrechtlichen Praxis des Reichsgerichts zur Verfügung gestellt habe.

bringen. Ist er gedrängt worden? Hat Zensur eine Rolle gespielt? Hat er sich davon distanziert?[65]

Wenn man Großmann-Doerths Publikationen verfolgt, darf man nicht unterschlagen, daß er gleichberechtigt mit Franz Böhm und Walter Eucken an der programmatischen Einleitung zu der 1937 ins Werk gesetzten Schriftenreihe „Ordnung der Wirtschaft" beteiligt ist. Die genannten drei wollten hier, wie Großmann-Doerth einmal schrieb, ausdrücklich als „Bekenntnisfront" in Erscheinung treten[66]. Diese Einleitung unter der Überschrift „Unsere Aufgabe" wendet sich bekanntlich markant gegen den Historismus und dessen Folgen in Gestalt von Relativismus und Fatalismus. Für die Jurisprudenz wird ganz konkret Savigny auf die Anklagebank gesetzt – Großmann-Doerth spricht einmal polemisch abschätzig von dem „Nicht-Juristen Savigny"![67]

In beiden Wissenschaften, so lautet eine zentrale Passage, „vollzog und vollzieht sich ... in Deutschland ein ähnliches Schauspiel: Sie verlieren mit vordringender Historisierung ihren Halt, Rechtsidee und Wahrheitsidee werden relativiert, den wechselnden Tatsachen und Meinungen passen sie sich bereitwillig an. Jede von ihnen hört damit auf, eine geistige und sittliche

---

[65] Bei der Abfassung dieser Passage und beim mündlichen Vortrag war mir nicht bekannt, was Walter Oswalt unter Berufung auf eine Aktennotiz von Walter Eucken vom 31. März 1943 mitteilt, daß nämlich Eucken seine Mitarbeit als Mitherausgeber der Schriftenreihe „Ordnung der Wirtschaft" beendet habe: „Eine weitere Mitwirkung an der Herausgabe meinerseits kann – zusammen mit Großmann – nicht stattfinden. Unsere Wege haben sich getrennt. Hier kann es keinen Kompromiß geben": *Walter Eucken*, Wirtschaftsmacht und Wirtschaftsordnung, hrsg. v. Walter Eucken Archiv. Mit einem Nachwort von Walter Oswalt, Münster 2001, S. 104. Es geht allerdings zu weit, wenn Oswalt formuliert: „Anfang der vierziger Jahre begann Großmann-Doerth die Idee der Wettbewerbsordnung mit dem Antisemitismus zu verbinden". Großmann-Doerth hat sich in einem speziellen Zusammenhang dem Zeitgeist folgend antisemitisch geäußert, aber er hat damit nicht die Idee der Wettbewerbsordnung verraten. Im übrigen machten mich die Angehörigen auf einen Brief Großmann-Doerths an Eucken vom 26. Oktober 1941 aufmerksam, wo es heißt: „Über einzelne Fragen lasse ich gerne mit mir reden; auch betr. der judenpolitischen Ausführungen, die mir gedruckt auch nicht gefallen und von mir nach Kräften wieder herausgebracht werden sollen". Insgesamt bedarf der Sachverhalt noch weiterer Aufklärung. Siehe jetzt auch *Walter Oswalt*, Liberale Opposition gegen den NS-Staat. Die Entwicklung von Walter Euckens Sozialtheorie, in: Wirtschaft, Politik und Freiheit. Hrsg. v. Nils Goldschmidt, Tübingen 2005, S. 317 f.

[66] So in einem Brief an Adolf Lampe vom 4.4.1935 (Nachlaß Lampe im Archiv für Christlich-Demokratische Politik, St. Augustin). Er stellt darin ausdrücklich fest, daß Lampe nicht zu dieser „Bekenntnisfront" gezählt werden könne und deshalb auch nicht als Mitherausgeber von „Ordnung der Wirtschaft" in Betracht komme. Siehe Anhang S. 110.

[67] So in einem Brief von der Front, mitgeteilt von *Hans Thieme*, siehe unten Anm. 89.

Macht zu sein, sie werden zu Trabanten. Um so erfolgreicher konnten wirtschaftliche Machtgruppen ihre Interessen zur Geltung bringen. Die Auffassungen der Wissenschaft pflegen allmählich über die Universitäten in weitere Kreise der Richter, Verwaltungsbeamten usw. zu dringen, die nun auch von der opportunistischen, ungrundsätzlichen Haltung der Gelehrten ergriffen wurden. Nur soweit in beiden Wissenschaften dem Historismus Widerstand geleistet wurde, bewahrten sie Selbstsicherheit und Kraft"[68].

In wissenschaftsgeschichtlicher Perspektive betrachtet kommt hier ein Bekenntnis zu einem naturrechtlichen Denken zum Ausdruck, oder sagen wir vorsichtiger: zu einem prinzipienorientierten Denken. Es wird freilich in bezug auf das Recht verständlicherweise nur partiell entfaltet, nämlich nur im Blick auf die Aufgabe der „wirtschaftsverfassungsrechtlichen Erfassung des Rechts", und hier konkret auf die These: „Der freie Wettbewerb ist ein wesentliches Ordnungsprinzip der heutigen deutschen Wirtschaft" [69].

Auf diese Weise hat sich Großmann-Doerth in den Grundsatzfragen des Wirtschaftsrechts klar positioniert und zur Fundamentierung dessen beigetragen, was später als Ordo-Liberalismus einen Namen bekommen hat.

Übrigens mag am Ende dieses kurzen Überblicks über Großmann-Doerths Wirken als Hochschullehrer und rechtswissenschaftlicher Autor angemerkt werden, daß seine Reputation rasch über Freiburg hinausgedrungen ist und zu Versuchen geführt hat, ihn von dort wegzulocken. Die Handelshochschule Berlin, ferner die Universitäten Jena, Breslau, Hamburg und Bonn wollten ihn berufen![70]

VIII.

Erlauben Sie mir jetzt noch einmal einen Wechsel der Perspektive in Richtung auf den Kontext der Fakultät, um ein möglichst aussagekräftiges Bild davon zu gewinnen, wie es gewesen ist.

Nach allem, was wir wissen, hat Großmann-Doerth nach seiner Berufung rasch das Vertrauen seiner Kollegen gewonnen, ja er wurde zu einer wirkungsvollen Stütze der Fakultät mit ihrer juristischen und wirtschaftswissenschaftlichen Sparte, für die er in besonderer Weise eine Klammerfunktion ausübte[71]. Er verkörperte zudem ein Element der Kontinuität.

---

[68] A.a.O. S. XVI f.

[69] A.a.O. S. XX.

[70] Die jeweiligen Belege in den Personalakten; vgl. auch *Speck*, a.a.O. S. 9 mit Anm. 33.

[71] Informationen über die Geschichte der Fakultät in jener Zeit bei *Klaus-Rainer Brintzinger*, Die Nationalökonomie an den Universitäten Freiburg, Heidelberg und Tübingen 1918-

Neben Erik Wolf und Walter Eucken war er der einzige Ordinarius, der während der ganzen hier in Rede stehenden Zeit der Fakultät angehörte. Als Faktor der Stabilität kann daneben nur noch Adolf Lampe als Extraordinarius genannt werden. Im übrigen herrschte nämlich durchaus Wechsel und Fluktuation. Ich kann die Situation nur kurz skizzieren: Andreas Bertalan Schwarz und Fritz Pringsheim mußten als Juden die Fakultät verlassen. Wie zur Strafe gestaltete sich die Regulierung der Nachfolge äußerst schwierig, und erst mit der Berufung von Gustav Boehmer im Jahre 1941 wurde die eine der beiden Positionen wieder besetzt. Der Germanist Claudius Freiherr von Schwerin folgte 1934 einem Ruf nach München. Sein Nachfolger Walther Merk starb aber schon nach drei Semestern. Erst die Berufung von Franz Beyerle im Jahre 1938 brachte dann insoweit wieder Ruhe und Beständigkeit. Als Nachfolger des emeritierten Zivilrechtlers Rudolf Merkel kam 1937 Horst Müller nach Freiburg. Im Strafrecht mußte Eduard Kern, der 1935 nach Tübingen gegangen war, ersetzt werden. Adolf Schönke trat an seine Stelle. Schließlich das öffentliche Recht: 1935 kam Theodor Maunz als Nachfolger Wilhelm van Calkers. 1939 starb überraschend Fritz Freiherr Marschall von Bieberstein[72]. Formaliter wurde 1941 Hans Gerber sein Nachfolger, aber da dieser in der Wehrmachtsjustiz Dienst tat, konnte er überhaupt erst nach 1945 als Freiburger Professor in Erscheinung treten.

In der wirtschaftswissenschaftlichen Sparte hatte es nach der schon 1933 erfolgten Emeritierung von Karl Diehl eine lange Vakanz gegeben. Erst 1937 kam als sein Nachfolger Constantin von Dietze nach Freiburg. Ähnlich war die Lage beim betriebswirtschaftlichen Ordinariat. Nachfolger des 1935 verstorbenen Walter Mahlberg wurde erst 1939 Martin Lohmann.

Das ist, kurz skizziert, das Netzwerk, in dem sich Großmann-Doerth bewegte und in das er in starkem Maße eingebunden war. So hat man ihm schon alsbald nach seiner Berufung den Vorsitz des Studentenwerks anvertraut, ein Amt, das er zwei Jahre lang ausübte[73]. Vor allem aber übernahm er

---

1945, Frankfurt a. M. 1996, S. 80–148, und bei *Alexander Hollerbach*, Juristische Lehre und Forschung in Freiburg in der Zeit des Nationalsozialismus, in: Die Freiburger Universität in der Zeit des Nationalsozialismus, hrsg. v. Eckhard John, Bernd Martin, Marc Mück und Hugo Ott, Freiburg/Würzburg 1991, S. 91–113.

[72] Siehe dazu *Alexander Hollerbach*, Recht gegen Gesetz? Zum Fall Marschall in wissenschaftsgeschichtlicher Perspektive, in: Staat – Kirche – Verwaltung. Festschrift für Hartmut Maurer zum 70. Geburtstag, hrsg. v. Max-Emanuel Geis, Dieter Lorenz, München 2001, S. 381–395.

[73] Zur Geschichte dieser Institution vgl. die Schrift „... und Freitags gibt es Milchreis“. 75 Jahre Studentenwerk Freiburg, Freiburg 1996 (Stadt und Geschichte. Neue Reihe des Stadtarchivs Freiburg i. Br., Heft 16).

1934 im Rahmen der Fakultät eine Schlüsselfunktion, nämlich das Amt des Direktors des Juristischen Seminars, nachdem Freiherr von Schwerin ausgeschieden war[74]. Dieses Amt hat er bis 1940 innegehabt. Er war offenbar ein tatkräftiger und energischer Seminardirektor. Man weiß, daß unter seiner Ägide das Anschaffungsverfahren und die Benutzungseinrichtungen, insbesondere die Kataloge, erheblich verbessert wurden. Die Grundkonzeption der noch heute maßgebenden systematischen Ordnung der Bestände geht auf seine Maßnahmen zurück. Er hat es offenbar auch vermocht, in personalibus Eingriffe von Seiten der Partei bzw. der Studentenschaft abzuwehren.

Im Amtsjahr 1935/36 fungierte Großmann-Doerth als Dekan. In diese Zeit fiel das endgültige Ausscheiden Fritz Pringsheims, dessen „Schonfrist" als sog. „Verdienstjude" abgelaufen war. Der Dekan hatte „Abschiedsworte" an ihn zu richten. „Es ist schrecklich, in dieser Zeit Dekan zu sein", diese Äußerung Großmann-Doerths ist uns durch Ricarda Huch überliefert[75]. Und noch ein anderes Schlaglicht: Erik Wolf notiert für Ende November 1935: „Mit Dekan Großmann-Doerth und Studenten Lager auf dem Gießhübel. Lebhafte Aussprachen; studiosus Jescheck äußerst freimütig"[76].

Wenn man auf diese Weise versucht, sich ein wirklichkeitsgetreues Bild zu machen, dürfen zwei Sachverhalte nicht fehlen. Großmann-Doerth setzte ein Zeichen für seine Geradlinigkeit, als er Ende April 1938 im Unterschied zu vielen anderen mit Walter Eucken am Begräbnis für Edmund Husserl teilnahm[77]. Und sodann ein „Fall", der mitten im Krieg die Fakultät in Atem gehalten hat: Hubert Armbruster[78], mit einer Arbeit über „Die Wandlungen des Reichshaushaltsrechts" unter Theodor Maunz promoviert, Lehrbeauftragter und sog. Dozentenanwärter, war am 18. Februar 1942 von einem Feldkriegsgericht wegen Zersetzung der Wehrkraft rechtskräftig zu 3 Jahren Zuchthaus verurteilt worden[79]. Es war ihm vorgeworfen worden, er habe

---

[74] Vgl. dazu meinen oben Anm. 48 angeführten Beitrag.

[75] Briefliche Äußerung vom 22. September 1935 bei *Marie Baum*, Leuchtende Spur, S. 359.

[76] Siehe dazu oben Anm. 8.

[77] Festgehalten von *Max Müller*, in: Martin Heidegger. Ein Philosoph und die Politik, hrsg. v. Gottfried Schramm/Bernd Martin, 2. Aufl., Freiburg 2001, S. 97. Jetzt auch in: *Martin Heidegger*, Briefe an Max Müller und andere Dokumente, hrsg. v. Holger Zaborowski und Anton Bösl, Freiburg/München 2003, S. 127.

[78] *Hubert Armbruster* (12.8.1911-4.4.1995) wurde nach dem Krieg Ordinarius für öffentliches Recht an der Universität Mainz. Zu seinem Werk siehe: Rechtsfragen im Spektrum des Öffentlichen. Mainzer Festschrift für Hubert Armbruster, hrsg. v. Franz Burkei und Dirk-Meints Polter, Berlin 1976. Zu Armbruster siehe auch *Hans Filbinger* in dem oben Anm. 52 angeführten Werk, S. 28, 34 und 54 f.

[79] Personalakte Armbruster, Universitätsarchiv B 110/330.

sich durch einen Aufenthalt in der Schweiz dem Dienst in der Wehrmacht auf unbestimmte Zeit entziehen wollen. Die Fakultät war davon irritiert und legte großen Wert auf eine Stellungnahme von Großmann-Doerth, der Armbruster gut kannte. Die erbetene Stellungnahme verfaßte er an der Ostfront. Sie bestand in einer ebenso eindrucksvollen wie fairen Unterstützung eines Gnadengesuchs, nachdem er sich von der übertriebenen Härte des Urteils überzeugt hatte.

IX.

Ich schlage bei dem Versuch der Würdigung von Leben und Werk Hans Großmann-Doerths eine letzte Seite auf.

Die Erfahrung und die Bewährung als Soldat im Ersten Weltkrieg hatten in ihm offenbar tiefe Wurzeln geschlagen. Alsbald nach der grundlegenden Veränderung der wehrpolitischen Lage in Deutschland nach 1935 hat er wieder an militärischen Übungen teilgenommen. Und so gab es für ihn vermutlich kein Zögern, sich nach dem Ausbruch des Zweiten Weltkriegs als Offizier zur Verfügung zu stellen und auf eine uk-Stellung zu verzichten.

Es ist nicht meines Amtes, im einzelnen über seine militärische Karriere zu berichten[80], über eine gewiß wesentliche Seite seiner Persönlichkeit, in der, wenn ich es recht sehe, Patriotismus, Verantwortungsbewußtsein und Engagement für junge Menschen zusammenkamen. Im Juni 1942 wurde er mit dem EK I ausgezeichnet, noch Anfang 1944 erfolgte seine Beförderung zum Oberstleutnant. Er wurde Regimentskommandeur.

In unserem Zusammenhang hier und heute darf und muß es genügen, zur Beleuchtung des soldatischen Ethos, das ihn beseelte, aus einem Brief zu zitieren[81]:

> „Ich bin nicht aus Freude am Soldatischen hier draußen ... Vielmehr bitte ich Sie, doch nicht zu übersehen, daß ich in den zwei Jahren an der Ostfront das schwerste Leid erlebt habe, das ich bisher in meinem bald 50-jährigen Leben kennen lernte. Nicht daß ich selber ... öfter schwer in Druck gekommen bin, das wäre erträglich. Aber das Sterben der Anderen mit ansehen zu müssen ist entsetzlich. ... Am Krieg habe ich wirklich keine Freude. Freude habe ich daran, für diese ausgezeichnete Jugend sorgen zu können, durch Führungsmaßnahmen Verluste zu mindern und zum bescheidenen Teil vielleicht zum guten Kriegsausgang beitragen zu können“.

---

[80] Die wichtigsten Daten sind von *Marc Speck* zusammengestellt: a.a.O. S. 10 mit Anm. 38; siehe auch in diesem Band S. 47 f.

[81] Brief vom 29.1.1944, angeführt von *Franz Beyerle* in seiner oben Anm. 2 vermerkten Gedenkrede.

Mit aufrechtem Gang hat Großmann-Doerth auch seinen verantwortungsvollen Dienst als Soldat getan. Dabei haben ihn gewiß die zunehmende Problematik der allgemeinen politischen Entwicklung und die Härte und Grausamkeit des Krieges je länger desto mehr belastet. Schon kurz nach Beginn des Feldzugs gegen Frankreich führen er und Erik Wolf, wie dieser notiert, ein „langes ernstes Gespräch“[82]. Und wenn Erik Wolf für den 29. Dezember 1942 festhält, Großmann-Doerth erzähle „Ergreifendes“, oder wenn er für den 27. Juli 1943 von einem „belastenden Gespräch“ spricht, das er mit dem Fronturlauber Großmann-Doerth geführt habe, so kann die jeweilige Thematik nicht zweifelhaft sein.

Der Kriegseinsatz Großmann-Doerths und die damit verbundene Abwesenheit von Freiburg hatten freilich eine wichtige Konsequenz, die uns zur Sachthematik zurückführt: Großmann-Doerth konnte sich nicht an der Arbeit der Freiburger Kreise beteiligen, in denen um Entwürfe für eine Neuordnung nach dem Krieg, insbesondere für eine freiheitliche soziale Wirtschaft, gerungen wurde[83]. Jedenfalls gibt es keine Belege für eine Beteiligung am sog. Freiburger Konzil, am Bonhoeffer-Kreis oder an der Arbeitsgemeinschaft von Beckerath. Dabei muß offen bleiben, ob er überhaupt von seiner Grundüberzeugung her in der Lage gewesen wäre, sich an konspirativen Aktionen zu beteiligen oder sich gar in die Nähe des Widerstandes zu begeben. Man muß außerdem berücksichtigen, daß er, soweit ersichtlich, keine intensive Beziehung zu Religion und Kirche hatte und er sich deshalb deutlich von Persönlichkeiten wie Constantin von Dietze, Gerhard Ritter oder Erik Wolf unterschied. Trotzdem darf man davon ausgehen, daß er vieles von dem, was in diesen Kreisen erarbeitet worden ist, mitgetragen hätte. Um ein konkretes Beispiel zu nennen: In den von Franz Böhm und Erik Wolf formulierten Thesen zur Rechtsordnung in der Denkschrift des Bonhoeffer-Kreises erscheint gleich zu Beginn die Formel vom Rechtsgedanken und ganz konkret wird etwa gesagt: „Außerstaatliche Rechtsbildung darf die

---

[82] Vgl. oben Anm. 8.

[83] Grundlegend *Christine Blumenberg-Lampe*, Das wirtschaftspolitische Programm der „Freiburger Kreise“. Entwurf einer freiheitlich-sozialen Nachkriegswirtschaft. Nationalökonomen gegen den Nationalsozialismus, Berlin 1973 (Volkswirtschaftliche Schriften, Heft 208). Umfassend jetzt: *Daniela Rüther*, Der Widerstand des 20. Juli auf dem Weg in die Soziale Marktwirtschaft. Die wirtschaftspolitischen Vorstellungen der bürgerlichen Opposition gegen Hitler, Paderborn 2002; vgl. dazu die Rezensionsabhandlung von *Fritz Rittner*, Der „Leistungswettbewerb“ als wirtschaftspolitisches Programm, in: Zeitschrift für Wettbewerbsrecht 2004, S. 305–322. Zum Ganzen jetzt weiterführend *Nils Goldschmidt* (Hrsg.), Wirtschaft, Politik und Freiheit. Freiburger Wirtschaftswissenschaftler und der Widerstand, Tübingen 2005.

zum Schutz des sozial Schwächeren erlassenen allgemeinen Normen nicht außer Kraft setzen. Aber die staatliche Gesetzgebung darf auch nicht zur Lähmung des gesunden Verkehrs und Vereinigungsdranges führen“ [84].

X.

Was ist die Quintessenz dieses unvollkommenen und noch weiter auszuarbeitenden Versuchs einer Würdigung von Leben und Werk Hans Großmann-Doerths im Kontext der Freiburger Rechts- und Staatswissenschaftlichen Fakultät?

In der Perspektive der Geschichte dessen, was man Freiburger Schule nennt, und das im Blick auf das Konzept des Ordo-Liberalismus als Basis der Sozialen Marktwirtschaft, bleibt zweierlei festzuhalten:

Von Hans Großmann-Doerth ging die Initiative zur Zusammenarbeit und zur Pflege der Lehr- und Forschungsgemeinschaft zwischen Juristen und Nationalökonomen aus, und er hat sie vorangetrieben[85]. Dabei hat er das, was 1937 von dem bekannten Dreigestirn als „unsere Aufgabe“ formuliert worden ist, aus Eigenem gleichgewichtig mitgetragen.

So kann ich bekräftigen, was Marc H. Speck in seiner verdienstvollen, von Gerold Blümle betreuten Diplomarbeit nachgewiesen hat: „Großmann-Doerth war einer der frühen Ordo-Liberalen; er lieferte durch das Selbstgeschaffene Recht der Wirtschaft seinen Teil zur Initialzündung der Freiburger Schule bei und spielte bei deren Gründung eine maßgebende Rolle“[86]. Und die Persönlichkeit, die das geleistet hat in dieser Zeit extremer Herausforderungen? Wir erinnern uns an die eingangs zitierte Formel von Joseph Sauer, der von der hochidealen, markig charaktervollen und hochstrebenden Persönlichkeit sprach[87]. Auch Begriffe wie Ehre, Treue und Anständigkeit, von denen in einem bestimmten Zusammenhang die Rede war, klingen an[88]. Oder mit den Angehörigen aus anderer Perspektive gesagt: In seinem Koordinatensystem hatten Freiheit, Recht und Verantwortung einen im wahrsten Sinne des Wortes maß-gebenden Stellenwert[89].

---

[84] In der Stunde Null. Die Denkschrift des Freiburger „ Bonhoeffer-Kreises“, eingeleitet von Helmut Thielicke, Tübingen 1979, S. 102 u. 107.

[85] Ich erinnere noch einmal an die sozusagen authentische Äußerung von *Franz Böhm* in: NDB 7 (1966) S. 155.

[86] A.a.O. S. 65.

[87] Siehe oben bei Anm. 1.

[88] Siehe oben bei Anm. 31.

[89] So in einer Ausarbeitung, die mir der Sohn Ulrich Großmann-Doerth zur Verfügung gestellt hat.

Uns so kann man verstehen, wenn Hans Thieme – er wurde zehn Jahre nach Großmann-Doerth Mitglied dieser unserer Fakultät – in einem 1949 verfaßten Gedenkblatt festgehalten hat: „Unter den Kollegen kann man immer wieder hören, daß er der schwerste Verlust sei, den die Rechtswissenschaft im Kriege gebracht hat“[90].

[90] Feldpost vom Wolchow. Hans Großmann-Doerth † 5.3.1944 – Bild eines Hochschullehrers, in: Göttinger Universitäts-Zeitung, 4. Jg., Nr. 5 v. 11. März 1949, S. 2/3.

Marc H. Speck

Hans Großmann-Doerth: Lebensdaten

9.9.1894	Geburt von Hans Gustav Großmann in Hamburg-Altona
	Konfession: evangelisch
	Vater: Dr. Louis Großmann (1855-1917), Meteorologe und Leiter der Hamburger Seewarte
	Mutter: Cornelie Doerth (1863-ca. 1939)
1913	Abitur, Realgymnasium Hamburg-Altona Mitglied bei den Wandervögeln
1913	Studium der Rechtswissenschaft in München
18.8.1914	Freiwillige Meldung zur kaiserlichen Armee; Grund- und Offiziersausbildung
Mai 1915	Ernennung zum Leutnant der Reserve
1915–1917	Einsatz an der Westfront
April 1917 – Februar 1920	Französische Kriegsgefangenschaft
1920	Wiederaufnahme des Studiums in Hamburg
6.5.1921	Rechtsreferendar
10.7.1923	Rechtsassessor
1923	Promotion in Hamburg bei Prof. Dr. Moritz Liepmann, Thema der Dissertation: „Die Schuldformen des künftigen Strafrechts“
10.7.1923 – 17.12.1928	Amtsrichter der Freien und Hansestadt Hamburg, ab 1. Januar 1925 beurlaubt

Ab WS 1923/24	Assistent am Lehrstuhl Prof. Dr. Hans Wüstendörfer, Seminar für Handels- und Schifffahrtsrecht der Universität Hamburg
1927	Heirat mit Inge Volkersen, aus der Ehe gehen die Kinder Ulrich (*1928), Susanne (*1931), Eva (*1934) und Beate (*1942) hervor
1928	Habilitation bei Prof. Dr. Hans Wüstendörfer mit der Habilitationsschrift „Die Grundformen des Überseekaufs"
1928	Privatdozent
27.12.1929	Um Verwechslungen aus dem Weg zu gehen (zur gleichen Zeit lehren und publizieren ein Deutscher Physiker und ein Schweizer Jurist mit dem gleich lautenden Namen), nimmt Hans Großmann den Mädchennamen seiner Mutter zusätzlich an und nennt sich Großmann-Doerth[1]
1930	Ruf an die deutsche Universität Prag, Lehrstuhl für Bürgerliches Recht und Handelsrecht
15.2.1933	Ruf als planmäßiger außerordentlicher Professor für Handels-, Wirtschafts- und Arbeitsrecht sowie für Bürgerliches Recht an die Albert-Ludwigs-Universität Freiburg im Breisgau als Nachfolger des Handelsrechtlers Heinrich Hoeniger
1933	Ruf an die Universität Frankfurt am Main sowie Ruf an die Handelshochschule Leipzig. Ablehnung beider Rufe
11.5.1933	Antrittsvorlesung an der Albert-Ludwigs-Universität „Selbstgeschaffenes Recht der Wirtschaft und staatliches Recht"
SS 1933	Gemeinsam mit Walter Eucken Gutachter der Habilitationsschrift von Franz Böhm. Beginn der Forschungs- und Lehrgemeinschaft von Juristen und Volkswirten, der „Freiburger Schule"
SS 1934	Erstes Gemeinschaftsseminar von Eucken, Böhm und Großmann-Doerth zu „Kartellrecht und Kartellpolitik"

[1] Die phonetisch korrekte Aussprache lautet [doort] und nicht etwa [dört], ähnlich dem Ortsnamen Soest.

WS 1933/34 – 1944	Berufung in den Prüfungsausschuss für die Diplomprüfung der Volkswirte; von WS 1937/38 bis 3. Trimester 1940 dessen Vorsitzender
WS 1934/35 – 2. Trimester 1940	Direktor des juristischen Seminars
WS 1934/35 – 1944	Direktor des Seminars für Versicherungswissenschaft und Arbeitsrecht (1938 umbenannt in Seminar für Wirtschaftsordnung)
SS 1934 – WS 1935/36	Vorsitzender des Studentenwerks
WS 1935/36	Dekan der Rechts- und Staatswissenschaftlichen Fakultät
WS 1938/39 – 2. Trimester 1940	Prodekan
Ab WS 1935/36	Mitglied im Justizprüfungsamt beim Oberlandesgericht Karlsruhe Ehrenamtlicher Vorstandsposten in der „Volkswirtschaftlichen Gesellschaft“ zu Freiburg
1936	Gemeinsam mit Walter Eucken und Franz Böhm Herausgeber der Schriftenreihe „Ordnung der Wirtschaft“
9.12.1936	Ruf an die Universität Jena (wie die Folgenden von Großmann-Doerth abgelehnt)
17.3.1939	Ruf an die Universität Breslau
25.4.1939	Ruf an die Hochschule für Welthandel in Wien
7.8.1941	Ruf an die Universität Hamburg
4.6.1943	Ruf an die Universität Bonn
seit 1936	Freiwillige Teilnahme an Wehrübungen als Leutnant der Reserve
27.4.–4.5.1936 u. 11.2.–18.3.1938	Verwendung als Kompanieführer der 11./Landwehr-Jägerregiment 5
10.-23.5.1939	Aufenthalt auf dem Truppenübungsplatz Heuberg mit der 6./Infanterieregiment 75

18.7.1939	Einberufung zum Wehrdienst als Leutnant der Reserve Beförderungen: 1.8.1939: Oberleutnant 27.8.1939: Hauptmann 1.9.1942: Major 1.1.1944: Oberstleutnant Posthum mit Wirkung zum 1.3.1944: Oberst Truppenzugehörigkeiten: 30.8.1939: 11./Landwehr-Infanterieregiment 59 20.2.1940: 6./Infanterieregiment 335. Einsatz am Westwall während des Frankreichfeldzuges
10.10.1940–7.9.1941	Vorübergehend entlassen; Rückkehr nach Freiburg; Wiederaufnahme der Lehrtätigkeit
ab 8.9.1941	Erneut Einberufen zur 2./Infanterie-Ersatzbataillon 460 in Lothringen Danach Einsatz an der Ostfront; 30.1.1942 Stab/Generalkommando eines Armeekorps, ab 10.4.1942 Kommandeur des II. Bataillons/ Grenadierregiment 220, ab 6.2.1944 Kommandeur des Grenadierregiments 501. Militärische Auszeichnungen: 23.4.1940 Treudienstehrenzeichen 16.6.1942 Eisernes Kreuz I. Klasse für die Teilnahme an der Schlacht von Wolchow 7.4.1944 (posthum) Deutsches Kreuz in Gold
6.2.1944	Leichte Verwundung in Tschernobaicha an der Leningradfront. Auf einem Verwundetentransport schwere Verletzung durch einen russischen Luftangriff
5.3.1944	In der Folge dieser Verwundung und der erforderlichen Amputation beider Beine erliegt Großmann-Doerth seinen Verletzungen und verstirbt in Folge eines Herz-Kreislaufversagens im Reservelazarett III in Königsberg
10.5.1944	Beisetzung in Freiburg-Günterstal
24.5.1944	Gedenkfeier der Universität Freiburg

Bildtafeln

Tafel 1: Portrait Hans Großmann-Doerth

Privatbesitz Ulrich Großmann-Doerth

Tafel 2: Walter Eucken und Hans Großmann-Doerth

Privatbesitz Ulrich Großmann-Doerth

Tafel 3: Hans Großmann-Doerth, Adolf Lampe (links) und Franz Böhm (rechts)

Privatbesitz Ulrich Großmann-Doerth

Tafel 4: Adolf Lampe und Hans Großmann-Doerth

Privatbesitz Christine Blumenberg-Lampe

Tafel 5: Der Historiker Gerhard Ritter und Hans Großmann-Doerth bei einem Ausflug mit Studenten

Privatbesitz Ulrich Großmann-Doerth

Tafel 6: Mitglieder der Rechts- und Staatswissenschaftlichen Fakultät Freiburg, ca. 1936

Obere Reihe (von li): Großmann-Doerth, Felgentraeger, Goetzeler, Wolf, Eucken, Pfister
Mittlere Reihe (von li): Schultz, Müller, Schröder, van Calker, Merk, Sembach
Untere Reihe (von li): Lutz, Lampe, Diehl, von Lübtow, Maunz, Merkel, Marschall von Bieberstein

Privatbesitz Christine Blumenberg-Lampe

Uwe Blaurock

Wirtschaft und Rechtsordnung
Möglichkeiten und Grenzen privatautonomer Rechtssetzung

I. Einleitung

Dieser Beitrag, der dem Andenken Hans Großmann-Doerths gewidmet ist, knüpft an zwei seiner Werke an, nämlich an seine im Jahre 1930 erschienene Habilitationsschrift über „Das Recht des Überseekaufs" sowie an seine Freiburger Antrittsvorlesung von 1933 über „Selbstgeschaffenes Recht der Wirtschaft und staatliches Recht". In beiden ging es unter anderem um Klauseln, durch die die Gegenstände einzelner Verträge berührt werden und die als vorgegebener Regelungsrahmen diese Verträge wesentlich gestalten. Wenn beide Arbeiten auch unterschiedliche Gebiete betreffen, so ist ihnen doch gemeinsam, dass es jeweils um die Gestaltungsmöglichkeiten der Vertragsparteien und die Rationalisierung des Vertragschlusses einerseits geht und andererseits um Vertragsgerechtigkeit und die Grenzen gerade dieser Gestaltungsmöglichkeit. Nach nunmehr über 70 Jahren sind viele Probleme gelöst, zum Teil im Sinne von Großmann-Doerth zum Teil auch in anderer Weise. Über die Grundfrage wird aber nach wie vor debattiert, nämlich diejenige nach den Möglichkeiten privatautonomer Rechtssetzung und deren Kontrolle. Bei der Freiburger Antrittsvorlesung stand der nationale Bereich im Vordergrund. Heute dagegen betrifft die Debatte in erster Linie den internationalen Handel und hier insbesondere die von den Teilnehmern selbst entwickelten und von nationalen Gesetzgebern nicht beeinflussten Klauselwerke.

Hans Großmann-Doerth wirkte als Wirtschaftsjurist im Grenzbereich zwischen Rechts- und Wirtschaftswissenschaft. Die von ihm erörterten Fragen, ob und in welchen Grenzen den Subjekten des Wirtschaftsverkehrs die Fähigkeit zukommt, die für ihre Geschäfte maßgeblichen Regelungen des staatlichen Gesetzgebers durch eigene zu modifizieren oder sogar zu ersetzen, sind dabei sowohl aus Sicht des Rechts- wie des Wirtschaftswissenschaftlers von Interesse. Denn bei der Erörterung der rechtlichen Zulässigkeit und Wirksamkeit von im Wirtschaftsverkehr verwendeten Klauselwerken geht es vor allem um die Frage, inwieweit der Staat die Regelung des für den Wirtschaftsverkehr geltenden Rechtsrahmens dem freien Spiel der Kräfte am Markt überlassen soll. Dieses Problem stellt sich dabei sowohl in Bezug auf rein nationale Sachverhalte wie auch im internationalen Rahmen, und die Antwort muss dabei nicht dieselbe sein.

II. Der nationale Bereich

1. Handelsbräuche

Wenden wir uns zunächst der Situation in Deutschland zu. Wir finden hier für Teilnehmer am Wirtschaftsverkehr – soweit es um deren Beziehungen zueinander geht – ein weitgehend geschlossenes gesetzliches Regelwerk vor, in Gestalt der Vorschriften des BGB, des HGB sowie vieler weiterer Spezialgesetze. Doch ein lückenloses System, welches ohne Rückgriff auf außergesetzliche Rechtsquellen auskommen könnte, bietet dieses Regelwerk nicht. Wir haben vielmehr im deutschen Recht eine Öffnungsnorm in § 346 HGB, die den beteiligten Kreisen eine allgemeine Regelbildung erlaubt. Es heißt dort:

> „Unter Kaufleuten ist in Ansehung der Bedeutung und Wirkung von Handlungen und Unterlassungen auf die im Handelsverkehre geltenden Gewohnheiten und Gebräuche Rücksicht zu nehmen."

Solche Handelsbräuche entstehen, wenn bestimmte Gepflogenheiten im Handelsverkehr über einen ausreichenden Zeitraum hinweg ausgeübt und von den beteiligten Verkehrskreisen als maßgebliche bzw. verpflichtende[1] Regel befolgt werden – wobei Handelsbräuche auf einzelne Geschäftszweige und/oder Regionen beschränkt sein können und es zumeist auch sind. Dabei stellen Handelsbräuche keine objektiven Rechtsnormen in Form kaufmännischen Gewohnheitsrechts dar, da es am dafür erforderlichen Rechtsgeltungswillen fehlt. Sie sind eigentlich nur Auslegungsregeln. Dennoch wirken sie im Handelsverkehr im Ergebnis normativ[2], denn sie gelten auch ohne Kenntnis oder Unterwerfungswillen der Parteien.[3] Wir haben es

---

[1] Die Einzelheiten sind str., vgl. einerseits *K. Schmidt* in MünchKomm HGB, 2001, § 346 Rn 14; *Roth* in Koller/Roth/Morck, HGB, 4. Aufl. 2003, § 346 Rn 4 und andererseits *BGH* v. 25.11.1993 (VII ZR 17/93), NJW 1994, 659 (660); *Hopt* in Baumbach/Hopt, HGB, 31. Aufl. 2003, § 346 Rn 1.

[2] Vgl. zu den vorstehenden Ausführungen die in Fn. 1 genannten Fundstellen sowie *K. Schmidt,* Handelsrecht, 5. Auflage 1999, S. 23.

[3] *OLG Frankfurt/M.* v. 23.4.1986, WM 1986, 838 (839).

hier also mit objektiven Regeln des Rechtsverkehrs zu tun, welche ihren Ursprung im privatautonomen Handeln der Kaufleute haben und nicht im Tätigwerden des staatlichen Gesetzgebers. Freilich ist es im deutschen Recht wiederum der staatliche Gesetzgeber, der diesem privatautonomen Handeln den normativen Charakter verleiht. Gerade diese Wechselbeziehung macht dabei die Erklärung des Rechtsquellencharakters der Handelsbräuche schwierig[4] und führt zu dogmatischen Differenzen, auf die ich hier nicht näher eingehen will. Eines aber ist festzuhalten: Handelsbräuche können sich nur gegenüber dispositivem Gesetzesrecht durchsetzen;[5] gegenüber zwingenden Normen können sie das nicht, anders als etwa derogierendes Handelsgewohnheitsrecht.

2. Allgemeine Geschäftsbedingungen

Soweit es sich bei dem vom Gesetzgeber unter Einbeziehung von Handelsbräuchen und Verkehrssitte zur Verfügung gestellten Normengeflecht nicht um zwingende Vorschriften handelt (was im Handelsbereich eher selten der Fall ist), können diese Regelungen von den Vertragsparteien abbedungen und durch andere, eigene Regelungen ersetzt werden. Solange das im Rahmen von im Einzelnen ausgehandelten Individualvereinbarungen und in den vom Gesetz in den §§ 138, 134 BGB gezogenen Grenzen der Sitten- und Gesetzeswidrigkeit geschieht, ist dies als Ausdruck der Privatautonomie unproblematisch. Anders liegt es jedoch dann, wenn es sich nicht um Individualvereinbarungen handelt, sondern wenn die Vertragsbedingungen von einer Seite in Allgemeinen Geschäftsbedingungen vorformuliert sind und diese AGB für eine Vielzahl der Geschäfte des Verwenders oder sogar – im Falle von Muster-AGB – von ganzen Geschäftszweigen verwendet werden.

Dies war einer der Problembereiche, denen sich Großmann-Doerth zugewandt hatte. Seit seiner Habilitationsschrift war er immer wieder mit Allgemeinen Geschäftsbedingungen in Berührung gekommen. Er stellte deren wachsende Bedeutung im Rechtsleben fest und erkannte außerdem die Gefahr, die von ihnen ausging und sich teilweise schon realisiert hatte, nämlich die Benachteiligung der wirtschaftlich schwächeren Konsumenten durch die starken Unternehmen mittels *einseitig* gestalteter Allgemeiner Geschäftsbedingungen.

Nachdem er in seinen Arbeiten bis dahin das Thema der Allgemeinen Geschäftsbedingungen nur im Rahmen anderer Themenbereiche gleichsam

---

[4] *K. Schmidt*, (Fn. 2) S. 23.

[5] Hierzu *K. Schmidt*, (Fn. 2) S. 28.

am Rande behandelt hatte, nutzt er seine Antrittsvorlesung an der Universität Freiburg am 11. Mai 1933, um sich zum ersten Mal ausführlich mit diesem Problemkreis zu beschäftigen und seine Ansichten vorzutragen.

Großmann-Doerth beginnt seine Ausführungen wie folgt:

> „Der Vertrag des Wirtschaftsverkehrs war einst eine Angelegenheit, welche ausschließlich durch die jeweilige Vereinbarung der jeweiligen beiden Vertragsschließenden – ich nenne dies Einzelvereinbarung – und im Übrigen durch die dispositiven Normen des staatlichen Gesetzes gestaltet wurde.“ *Und er fährt sogleich fort:* „Aber für die überwältigende Mehrheit der im Wirtschaftsverkehr geschlossenen Verträge liegt es heute ganz anders: Einzelvereinbarung und staatliche Rechtsnorm sind zurückgedrängt durch eine neue Rechtsquelle: die Allgemeine Geschäftsbedingung.“[6]

Nun war dies schon damals keine neue Erkenntnis. Dass im Rechts- und Wirtschaftsleben das dispositive Gesetzesrecht vielfach durch Parteivereinbarung weitgehend abbedungen wurde, war bekannt und genauso auch, dass dies meist durch vorformulierte Allgemeine Geschäftsbedingungen geschah. Neu war jedoch, hierin ein juristisches Problem zu sehen. Die bekannte und oft als grundlegend zitierte Schrift von Ludwig Raiser „Das Recht der Allgemeinen Geschäftsbedingungen“ erschien erst zwei Jahre später. So beschrieb denn auch Franz Böhm die Situation in einem Rückblick 1957:

> „(Für) unsere Juristen .... war das, was in den gedruckten Allgemeinen Geschäftsbedingungen stand, einfach ganz normales Vertragsrecht, jus contractus, Teile des Kaufvertrags, den jeweils ein bestimmter Verkäufer mit einem bestimmten Käufer abschließt.“[7]

Gerade dies, nämlich ganz normales Vertragsrecht, sind die Allgemeinen Geschäftsbedingungen aber bekanntlich nicht; vielmehr können die Vertragsbedingungen der wirtschaftlich schwächeren Partei von der stärkeren Partei aufgezwungen werden. Zumindest eine Partei des Vertrages ist an der Formulierung der Geschäftsbedingungen unbeteiligt, häufig sogar beide, da auch der Verwender der Geschäftsbedingungen diese oft nicht selbst formuliert, sondern von Wirtschaftsverbänden übernimmt, so dass die AGB aus

---

[6] *Großmann-Doerth*, Selbstgeschaffenes Recht der Wirtschaft und staatliches Recht, 1933 (Freiburger Universitätsreden Heft 10), S. 4, in diesem Band S. 78.

[7] *Böhm*, Die Forschungs- und Lehrgemeinschaft zwischen Juristen und Volkswirten ..., in H. J. Wolff (Hrsg.), Aus der Geschichte der Rechts- und Staatswissenschaften zu Freiburg i. Br., 1957, S. 95 (105).

Sicht mindestens einer Partei gleichsam von außen in das Rechtsverhältnis hineingetragen werden und dieses bestimmen.

Vor diesem Hintergrund nennt Großmann-Doerth die Allgemeinen Geschäftsbedingungen das „selbstgeschaffene Recht der Wirtschaft", im Gegensatz zum „staatlichen Recht". Dabei legt er Wert darauf, dass er den Begriff „Recht" ganz bewusst verwende, um klarzustellen, dass die Allgemeinen Geschäftsbedingungen in ihrer Wirkung dem Gesetz näher stehen als der Individualvereinbarung.

Die Ansicht, Allgemeine Geschäftsbedingungen seien lediglich Ausdruck der Vertragsfreiheit, hält Großmann-Doerth für „unhaltbar". Der „liberalistische Grundsatz der Vertragsfreiheit" habe zur Voraussetzung die Einzelvereinbarung zweier gleichstarker Individuen. Bei den Allgemeinen Geschäftsbedingungen der Wirtschaft sei beides nicht gegeben: Weder handele es sich um Einzelvereinbarungen, da mindestens eine, wenn nicht sogar beide Parteien des Vertrags an ihrer Formulierung keinen Anteil hätten; noch stünden sich im Regelfall zwei gleich starke Individuen gegenüber, vielmehr würden die Geschäftsbedingungen vom wirtschaftlich Stärkeren diktiert. Aus diesen Gründen seien Allgemeine Geschäftsbedingungen vom Grundsatz der Vertragsfreiheit her, welche mit der Individualvereinbarung rechne, nicht zu rechtfertigen.

Dabei geht er auch auf den nach seinen Worten „durchaus denkbaren" Standpunkt ein, die Grenzen, die das geltende staatliche Recht der Vertragsfreiheit und damit auch den Allgemeinen Geschäftsbedingungen setze, nämlich insbesondere die Grenze der Sittenwidrigkeit in § 138 BGB, seien ausreichend. Dies sei, so Großmann-Doerth, „eine Frage der Weltanschauung". Verlange man aber nach einer „gerechte(n) Lebensordnung", so sei zu fragen:

> „Wenn Unternehmer und Unternehmerverbände sich mit Hilfe der AGB der Rechtssetzung bemächtigen, müssen sie sich dann nicht gefallen lassen, daß man sie in dieser Rechtssetzung mit denselben Maßstäben mißt, mit denen wir den staatlichen Gesetzgeber zu messen gewohnt sind?"[8]

Das staatliche Recht sei von dem Bestreben geleitet, gerechte und zweckmäßige Regelungen zu finden. Gerade dies gelte dagegen für viele Teile des selbstgeschaffenen Rechts der Wirtschaft nicht. Wenn aber schon das staatliche Recht strengeren Maßstäben unterliegt als dem der Sittenwidrigkeit,

---

[8] *Großmann-Doerth* (Fn. 6) S. 12, in diesem Band S. 83.

dann müsse das für das selbstgeschaffene Recht der Wirtschaft in Form Allgemeiner Geschäftsbedingungen erst recht gelten.

Großmann-Doerth schließt mit praktischen Vorschlägen zur Abwendung der von der Verwendung Allgemeiner Geschäftsbedingungen ausgehenden Gefahren. Das Ziel sei hierbei die Überwindung des Gegensatzes von staatlicher Rechtsordnung und selbstgeschaffenem Recht der Wirtschaft. Dabei stellt er die Forderung auf, dass das staatliche Recht stets das „rechtspolitisch Mustergültige" darstellen müsse. Ein „Willkürrecht von Unternehmern und Unternehmerverbänden" könne nicht geduldet werden.[9] Jedoch halte er es nicht für zweckmäßig, Allgemeine Geschäftsbedingungen zu verbieten. Wo es sich um „rein technische Fragen" handele – als Beispiel nennt er die abweichende Regelung des Gefahrübergangs beim Kauf – seien sie dem staatlichen Recht oft überlegen.[10] Auch könnten sie entsprechend den Bedürfnissen der einzelnen Wirtschaftszweige das staatliche Recht – wohlgemerkt aber nur im Wege der Ergänzung – anpassen. Um aber ein unkontrolliertes Nebeneinander von staatlichem Recht und AGB-Recht zu verhindern, gebe es nur *ein* wirksames und richtiges Mittel: Der Staat müsse die Allgemeinen Geschäftsbedingungen unter seine Kontrolle nehmen. Dabei sei die Beseitigung von sittenwidrigen Klauseln nicht ausreichend. Vielmehr solle das dispositive Gesetzesrecht nur noch „aus wirklich zwingenden, guten Gründen" durch AGB-Recht ersetzt werden können, in Fällen also, in denen die Lösung der verwendeten Allgemeinen Geschäftsbedingungen der des staatlichen Rechts überlegen sei. Sei diese Voraussetzung erfüllt, solle jedoch der Staat dem „so bereinigten selbstgeschaffenen Recht der Wirtschaft" zu stärkerer Geltung verhelfen, indem es „in seiner Geltung für den Einzelvertrag vom Parteiwillen unabhängig gemacht" werde, vergleichbar der arbeitsrechtlichen Allgemeinverbindlichkeitserklärung eines Tarifvertrags.[11] Dem denkbaren Vorwurf des staatlichen Eingriffs in die Wirtschaft hält er dabei entgegen:

> „Solche ‚Eingriffe' sollte ein seiner Verantwortung bewußter Staat wagen."[12] *Und er fügt noch hinzu:* „Zu diesem Werk bedarf der Staat eines Juristenstandes, der … von dem Gedanken beseelt ist, daß der Gesamtheit eine gerechte und weise Rechtsordnung, vor allem: die Autorität des staatlichen Rechts notwendig ist."[13]

---

[9] A.a.O., S. 25, in diesem Band S. 92.
[10] A.a.O., S. 19, in diesem Band S. 88.
[11] A.a.O., S. 26, in diesem Band S. 93.
[12] A.a.O., S. 26, in diesem Band S. 93.
[13] A.a.O., S. 27, in diesem Band S. 94.

3. Ordoliberale Beurteilung Allgemeiner Geschäftsbedingungen

„Solche Eingriffe sollte ein seiner Verantwortung bewußter Staat wagen." Hier zeigt sich bereits ein juristischer Aspekt der später so genannten „Freiburger Schule". Danach kann ein Markt ohne Staat und dessen Rechtsordnung nicht funktionieren. Jedoch darf die Rolle des Staates nicht eine interventionistische, am Einzelfall orientierte sein; vielmehr ist Aufgabe des Staates die Festlegung und Sicherung wettbewerblicher Spielregeln, in deren Rahmen die Wirtschaftssubjekte frei von staatlicher Einflussnahme agieren. Gleichzeitig hat diese vom Staat zu schaffende Wirtschaftsordnung aber auch die Aufgabe, die Wirtschaftsteilnehmer vor der Macht privater Interessengruppen zu schützen. Es geht also um einen von staatlicher Intervention im Einzelfall freien Wirtschafts*prozess*, der jedoch einer für die Beteiligten verbindlichen Wirtschafts*ordnung* bedarf.

Eine privatautonome Rechtsetzung kann somit nur dann akzeptiert werden, wenn jener Missbrauch privater Macht, den Großmann-Doerth beschreibt, durch staatliche Kontrolle verhindert wird. Dabei darf aber diese staatliche Kontrolle nicht durch Einschreiten im Einzelfall ausgeübt werden, sondern nur durch Setzung eines Rechtsrahmens, der solchem Missbrauch entgegenwirkt und den Betroffenen Mittel in die Hand gibt, sich gegen Auswüchse privater Macht zu wehren.

Ich werde hierauf an späterer Stelle noch einmal zurückkommen. Fassen wir zunächst Großmann-Doerths Ausführungen zum Thema Allgemeine Geschäftsbedingungen in seiner Freiburger Antrittsvorlesung zusammen: Er sah die zunehmende Verbreitung Allgemeiner Geschäftsbedingungen aus mehreren Gründen als problematisch an. Einerseits sah er die Gefahr der Entwicklung einer selbstständigen, neben dem staatlichen Recht stehenden Privatrechtsordnung der Wirtschaft; ein solcher Zustand aber sei nicht tragbar. Andererseits beklagte er die verbreitete Benachteiligung der Vertragspartner des AGB-Verwenders durch deren inhaltlich einseitige Ausgestaltung und zudem unverständliche Formulierung. Als Konsequenz wollte er die privatautonome Rechtsetzung in Form Allgemeiner Geschäftsbedingungen nur in engen Grenzen zulassen, nämlich dort, wo sie zur Ergänzung staatlichen Rechts erforderlich oder aber in Fällen gleichsam misslungenen staatlichen Rechts diesem sogar überlegen sei. Dann jedoch solle ihre Geltung vom Parteiwillen unabhängig gemacht werden. Ein legitimes Interesse der Wirtschaft an der Verwendung Allgemeiner Geschäftsbedingungen jenseits dieser engen Grenzen erkannte Großmann-Doerth nicht an. Der Staat müsse, um der geschilderten Probleme Herr zu werden, die Allgemeinen Geschäftsbedingungen unter seine Kontrolle nehmen.

Letzteres ist seitdem in der Tat geschehen, vor allem natürlich durch Erlass des AGB-Gesetzes, dessen materielle Regelungen im Rahmen der Schuldrechtsreform in im Wesentlichen unveränderter Form in die §§ 305 ff. BGB übernommen wurden. Auch der Europäische Gesetzgeber ist – allerdings in erster Linie unter dem Gesichtspunkt des Verbraucherschutzes – tätig geworden.[14] Der Forderung, Allgemeine Geschäftsbedingungen ausschließlich in den geschilderten Grenzen zuzulassen, sind nationaler und europäischer Gesetzgeber dabei freilich nicht gefolgt, ebenso wenig der Forderung, diese AGB dann vom Parteiwillen abzukoppeln. Der Grund dafür liegt unter anderem darin, dass die Forderung, das staatliche Recht müsse stets das „rechtspolitisch Mustergültige" darstellen, vom Gesetzgeber nicht erfüllt werden kann. Hierzu ist einerseits der Handelsverkehr zu komplex;[15] andererseits beruht diese Vorstellung aber auch auf einem idealistischen Bild des Gesetzgebers, das in einer lobbygeprägten Parteiendemokratie fast schon anachronistisch anmutet.

Gibt man damit aber Großmann-Doerths Idealbild des staatlichen Rechts auf und akzeptiert, dass in vielen Fällen die Wirtschaftsteilnehmer selbst besser in der Lage sind, den Anforderungen des jeweiligen Geschäftstyps gerecht zu werden, bedeutet dies, dass den Wirtschaftsteilnehmern auch die Befugnis zustehen muss, sich das für ihre Situation passende Recht selbst zu schaffen. Dann stellt sich aber auch die Frage nach den Grenzen dieser Befugnis, und zwar insbesondere im Falle der Verwendung Allgemeiner Geschäftsbedingungen.

4. Inhaltskontrolle bei Allgemeinen Geschäftsbedingungen

Lange Zeit wurden die Grenzen der Zulässigkeit Allgemeiner Geschäftsbedingungen in Ermangelung einer gesetzlichen Regelung allein von der Rechtsprechung gezogen, die dabei allerdings zunächst sehr zurückhaltend war. So begegnete das Reichsgericht dem Problem der Benachteiligung der Kunden durch einseitig gestaltete AGB anfangs nur, indem es Haftungs-

[14] Richtlinie 93/13/EWG über mißbräuchliche Klauseln in Verbraucherverträgen vom 5.4.1993, ABl. L95/29. Die Richtlinie wurde in Deutschland durch Einfügung des damaligen § 24a AGBG – heute § 310 Abs. 3 BGB – umgesetzt. Von der Ausdehnung des Anwendungsbereichs des AGBG bei Verbraucherverträgen und einer Modifikation des Schutzzwecks abgesehen, waren damit aber keine Änderungen im deutschen AGB-Recht verbunden; vgl. dazu *Ulmer* in Ulmer/Brandner/Hensen, AGB-Gesetz, 9. Aufl. 2001, Einl. Rn 34a.

[15] Vgl. *K. Schmidt* (Fn. 2) S. 30.

und Gewährleistungsausschlüsse eng auslegte und im Zweifelsfall zum Nachteil des Verwenders entschied. Später ging es zu einer Inhaltskontrolle anhand von § 138 BGB in den Fällen der Ausnutzung einer Monopolstellung über.[16] Grund für dieses zögernde Vorgehen war das Verständnis der Vertragsfreiheit als Freiheit von staatlichem Eingriff und staatlicher Bevormundung, welche es zu bewahren gelte.[17]

Erst der BGH schlug in einer Entscheidung aus dem Jahre 1956[18] den Weg zu einer umfassenden, nicht auf die Fälle der Monopolstellung beschränkten Inhaltskontrolle Allgemeiner Geschäftsbedingungen ein. In der Folgezeit entwickelte die Rechtsprechung eine auf § 242 BGB und den Grundsatz von Treu und Glauben gestützte Inhaltskontrolle Allgemeiner Geschäftsbedingungen, welche dann die Grundlage für die späteren Vorschriften des AGB-Gesetzes und heute des BGB zur Inhaltskontrolle bildete.

Entscheidend für diese Inhaltskontrolle ist zunächst das Verständnis der Privatautonomie und der Vertragsgestaltungsfreiheit als deren Teil. Großmann-Doerth nahm an, dass die Privatautonomie die Verwendung Allgemeiner Geschäftsbedingungen nicht rechtfertigen könne, da sie von der Individualvereinbarung ausgehe. Hierzu hat *Canaris*[19] treffend bemerkt, die Vorstellung eines vollständig im Einzelnen ausgehandelten Vertrages stelle „eine ridiküle Chimäre" dar, die für einen Basar passe, aber nicht für eine moderne Markt- und Wettbewerbswirtschaft. Sicherlich ist nicht zu leugnen, dass die Individualvereinbarung in den Zeiten vor der Industrialisierung die übliche, weil eben die einzige Vertragsform war. Der Schluss, dass die Privatautonomie auch heute noch *nur* die Individualvereinbarung decke, wäre nur möglich, wenn man Privatautonomie und Vertragsfreiheit als etwas vom Staat Gewährtes betrachtete, welches nur in begrenztem Umfang zu gewähren der Staat dann folgerichtig auch frei wäre. Dies jedoch entspricht nicht dem Verständnis von Privatautonomie und Vertragsgestaltungsfreiheit, das sich unter Geltung des Grundgesetzes herausgebildet hat. So ist anerkannt, dass die Privatautonomie als Selbstbestimmung im Rechtsleben[20] durch Art. 2 Abs. 1 GG grundrechtlich geschützt ist. Zwar bedarf die Privatautonomie

---

[16] *RG* v. 26.10.1921 (I 123/21), RGZ 103, 82; v. 8.11.1926 (I 154/26), RGZ 115,218.

[17] Vgl. *Wolf* in Wolf/Horn/Lindacher, AGB-Gesetz, 4. Aufl. 1999, Einl. Rn 5.

[18] *BGH* 29.10.1956 (II ZR 79/55), BGHZ 22, 90 (97 ff.).

[19] In Baur (Hrsg.), Festschrift für Ernst Steindorff zum 70. Geburtstag, 1990, S. 519 (548); zustimmend *Medicus*, Allgemeiner Teil des BGB, 8. Aufl. 2002, Rn 397.

[20] So *Erichsen* in Isensee/Kirchhof (Hrsg.), Handbuch des Staatsrechts, Band VI, 2. Aufl. 2001, S. 1210 Rn 58.

notwendiger Weise der rechtlichen Ausgestaltung. Dies bedeutet jedoch nicht, dass sie zur beliebigen Disposition des Gesetzgebers steht.[21] Und schon gar nicht bedeutet es, dass man die Vertragsgestaltungsfreiheit als Teil der Privatautonomie nur auf den Abschluss individuell ausgehandelter Verträge beschränken kann.

Auf der anderen Seite aber ist die Privatautonomie von der Verfassung nicht nur als Abwehrrecht des AGB-Verwenders geschützt; vielmehr erwächst dem Staat auch eine Pflicht zum Schutze der Privatautonomie seines Vertragspartners, wenn dieser sie ohne staatlichen Schutz nicht ausüben könnte. Dementsprechend werden die gesetzlichen Regelungen der §§ 305 ff. BGB von dem Gedanken bestimmt, dass die Privatautonomie des AGB-Verwenders nicht um jeden Preis zu achten ist. Vielmehr ist zum Schutze der anderen Partei auch die Bewahrung eines gewissen Maßes an Vertragsgerechtigkeit erforderlich. Diese droht durch Allgemeine Geschäftsbedingungen dadurch beeinträchtigt zu werden, dass der eine Teil durch die Vorformulierung der Vertragsbedingungen für sich die Vertragsgestaltungsfreiheit einseitig in Anspruch nimmt. Dadurch aber beschneidet er die Privatautonomie der anderen Partei. Den damit verbundenen Gefahren für die Vertragsgerechtigkeit will und muss das Gesetz in Erfüllung der staatlichen Schutzpflicht begegnen,[22] indem es die grundrechtlich geschützte Privatautonomie beider Parteien im Wege praktischer Konkordanz zum Ausgleich bringt.

Die Vertragsgerechtigkeit setzt der Vertragsfreiheit somit eine Grenze, und das ist auch richtig so, weil ohne jene die Vertragsfreiheit eine wesentliche Legitimation einbüßen würde.[23] Wo die unter Berufung auf sie geschlossenen Verträge nicht ein Mindestmaß an Gerechtigkeit aufweisen, erscheint sie nicht mehr schützenswert.

Der Grundsatz der Privatautonomie in seiner weiten, nur von den Grenzen der Sittenwidrigkeit beschränkten Form kann mithin auf Allgemeine Geschäftsbedingungen nicht unmodifiziert übertragen werden. Wenn das Gesetz dennoch vom dispositiven Recht abweichende AGB entgegen der Forderung Großmann-Doerths grundsätzlich zulässt, dann hat dies seinen Grund in der unterschiedlichen Bewertung der Interessen der Wirtschaft. Großmann-Doerth war der Ansicht, das Interesse einzelner Unternehmen an

---

[21] *BVerfG* v. 19.10.1993 (1 BvR 567/89), NJW 1994, 36 (38).

[22] Siehe zum Schutzzweck der §§ 305 ff. BGB *Ulmer* in Ulmer/Brandner/Hensen, AGB-Gesetz, Einl. Rn 4, 29.

[23] Zur Vertragsgerechtigkeit als wesentlicher Legitimationsbasis der Vertragsfreiheit vgl. *Wolf* in Wolf/Horn/Lindacher, AGB-Gesetz, Einl. Rn 14.

für sie günstiger inhaltlicher Ausgestaltung der Vertragsbedingungen sei nicht schützenswert, und das Interesse der Gesamtwirtschaft müsse letztlich auf die Achtung der staatlichen Rechtsordnung gerichtet sein, ohne die die Wirtschaft auf Dauer nicht leben könne. Das geltende Recht dagegen erkennt ein berechtigtes Interesse der AGB-Verwender an der Rationalisierung von Vertragsgestaltung und Vertragsabwicklung durch die Verwendung einheitlicher Allgemeiner Geschäftsbedingungen an, und zwar sowohl wenn es um Abweichungen vom dispositiven Gesetzesrecht bei gesetzlich geregelten Vertragtypen geht, als auch im Falle von neu entstandenen Vertragstypen wie etwa Factoring, Leasing etc.[24] Es sieht jedoch auch die Gefahr, dass diese grundsätzlich positiv einzustufende Rationalisierungsfunktion konterkariert wird durch eine Tendenz der AGB-Verwender, die mit dem Vertrag verbundenen Risiken auf den Vertragspartner abzuwälzen.

Das zu verhindern ist Zweck in erster Linie der Vorschriften über die Inhaltskontrolle Allgemeiner Geschäftsbedingungen. Diese begrenzen den zulässigen Inhalt Allgemeiner Geschäftsbedingungen über die Grenze der Sittenwidrigkeit hinaus so weit, dass an Allgemeine Geschäftsbedingungen nicht nur, wie von Großmann-Doerth gefordert, der selbe Maßstab angelegt wird wie an staatliches Recht, sondern zum Teil sogar ein strengerer.[25] Darüber hinaus werden die Vorschriften zur Inhaltskontrolle ergänzt durch weitere Beschränkungen der Gestaltungsfreiheit des AGB-Verwenders wie das Transparenzgebot und das Verbot geltungserhaltender Reduktion. Auf diese möchte ich hier nicht en detail eingehen, ich erwähne sie aber deshalb, weil sie weiteren Befürchtungen Großmann-Doerths entgegenwirken: der Unverständlichkeit der Formulierungen der Allgemeinen Geschäftsbedingungen einerseits sowie der gefahrlosen Verwendung z.B. zu weitgehender Haftungsausschlüsse, um den Vertragspartner von der Geltendmachung an sich bestehender Ansprüche abzuhalten.

---

[24] *Ulmer* in Ulmer/Brandner/Hensen, AGB-Gesetz, Einl. Rn 3; vgl. auch *Wolf* in Wolf/Horn/Lindacher, AGB-Gesetz, Einl. Rn 1 f.; RegBegr., BT-Drucks. 7/3191, S. 9.

[25] So hat zum einen nicht nur der Staat bei der Gesetzgebung die Grundrechte zu beachten, sondern auch bei der Gestaltung von AGB sind sie beachtlich. Denn nach der Lehre der mittelbaren Drittwirkung entfalten die Grundrechte über die „Einbruchsnormen" der §§ 138 und 307 BGB Wirkung auch im Privatrecht und können so die Unangemessenheit und damit Unwirksamkeit von Klauseln begründen. Und zum anderen enthält das geltende Recht sogar Vorschriften, die, wären sie nicht im Gesetz festgeschrieben sondern Teil Allgemeiner Geschäftsbedingungen, die Hürde der Inhaltskontrolle nach den §§ 305 ff. BGB nicht überspringen würden. Vgl. *Brandner* in Ulmer/Brandner/Hensen, AGB-Gesetz, § 8 Rn 30; *Coester* in Staudinger, 13. Bearbeitung 1998, § 8 AGBG Rn 31; RegBegr. BT-Drucks. 7/3191, S. 22

Es zeigt sich somit Folgendes: Großmann-Doerth hat die Gefahr der Benachteiligung des Vertragspartners mittels einseitiger Formulierungen der AGB durch deren Verwender früh erkannt, zu einer Zeit, als die Juristenwelt sich dieser Gefahr größtenteils nicht bewusst war. Er hat auch schon 1933 gefordert, was die staatlichen Gerichte erst allmählich und der Gesetzgeber erst im Jahre 1976 getan haben: die Unterstellung Allgemeiner Geschäftsbedingungen unter staatliche Kontrolle. Freilich weicht die Art dieser Kontrolle von den geschilderten Vorstellungen Großmann-Doerths ab, weil der Gesetzgeber ein legitimes Interesse an der Verwendung von AGB anerkennt und in Achtung der Privatautonomie auch grundsätzlich anerkennen muss. Das ändert jedoch nichts an der Weitsichtigkeit von Großmann-Doerths Forderung vor über siebzig Jahren, zu einer Zeit, in der sich kaum jemand überhaupt des Problems bewusst war.

Auf der anderen Seite zeigt sich aber auch: Das geltende Recht teilt Großmann-Doerths im nationalen Kontext geäußerte Ablehnung eines selbstständigen, von der staatlichen Rechtsordnung unabhängigen und ihr weitgehend entgegengesetzten selbstgeschaffenen Rechts der Wirtschaft nicht. Es erkennt vielmehr die Vorzüge der Verwendung Allgemeiner Geschäftsbedingungen an und vertraut auf die Vorschriften zur Inhaltskontrolle, um die potenziellen Gefahren abzuwenden.

5. Allgemeine Geschäftsbedingungen als objektives Recht?

Allgemeine Geschäftsbedingungen sind nach gegenwärtiger Auffassung vertragliche Regelungen, die nur dann maßgeblich sind, wenn sie willentlich in den Vertrag einbezogen wurden. Allerdings lässt sich nicht übersehen, dass sie eben doch keine einfachen Vertragsbestandteile sind, sondern dass ihnen ein weitergehender Charakter zukommt, insbesondere dann, wenn sie durch Verbände ausgearbeitet oder mit staatlicher Billigung aufgestellt worden sind. Das gilt beispielsweise für die AGB der Banken, die Versicherungsbedingungen, die Allgemeinen Deutschen Spediteurbedingungen[26], die Reparaturbedingungen des KFZ-Handwerks, die VOB[27], den Mustermietvertrag etc. Inwiefern solche Allgemeine Geschäftsbedingungen „Recht“ sind und man somit in Bezug auf ihre Formulierung und Verwendung von „Rechtsetzung“ sprechen kann, ist natürlich primär eine begriffliche Frage. Versteht man unter Recht nur solche Regeln, die aus sich selbst heraus allgemeinverbindliche Wirkung entfalten, stellen Allgemeine Ge-

[26] Hierzu *BGH* v. 9.10.1981 (I ZR 188/79), NJW 1982, 1820.
[27] Hierzu *BGH* v. 16.12.1982 (VII ZR 92/82), BGHZ 86, 135.

schäftsbedingungen kein objektives Recht dar, weil sie zur Geltung der Einbeziehung in den Vertrag durch die Parteien bedürfen. Versteht man dagegen den Begriff Recht weiter, im Sinne von Regeln, die den Rechtsverkehr tatsächlich bestimmen, stellt sich die Sache anders dar. Angesichts ihrer erheblichen Bedeutung für ganze Geschäftszweige haben jedenfalls die von Verbänden erstellten AGB in gewisser Hinsicht einen normativen Charakter.

Eine solche privatautonome Normsetzung kann indessen nur dann akzeptiert werden, wenn der dadurch drohende Missbrauch privater Macht durch einen staatlichen, auf die Verhinderung solchen Missbrauchs gerichteten Rechtsrahmen abgewendet wird. Gerade dies ist bei den Allgemeinen Geschäftsbedingungen der Fall: Das Gesetz verzichtet – von Ausnahmen abgesehen[28] – weitgehend auf eine staatliche Präventivkontrolle, sondern stellt stattdessen mit den Vorschriften über die Inhaltskontrolle sowie der Möglichkeit der präventiven Verbandsklage nach dem Unterlassungsklagegesetz den Subjekten des Wirtschaftsverkehrs Mittel zur Verfügung, einen eventuellen Missbrauch selbst abzuwenden.

III. Internationale Handelsklauseln

Ich möchte nun noch wie angekündigt auf die internationale Ebene eingehen. In seiner umfangreichen Habilitationsschrift „Das Recht des Überseekaufs“ aus dem Jahre 1928, die 1930 im Druck erschienen ist, stellt Großmann-Doerth fest, dass in Ermangelung einheitlicher gesetzlicher Regelungen das Recht des Überseekaufs geprägt sei vor allem von Handelsbräuchen sowie von Handelsklauseln und sonstigen Geschäftsbedingungen[29]. Die Gesamtheit dieser privaten Regelungen nennt er das „selbstgeschaffene Recht des Überseehandels“[30] und unterscheidet damit schon hier erstmals zwischen staatlichem und von den Wirtschaftsteilnehmern selbstgeschaffenem Recht. Das staatliche Recht habe kaum Relevanz, vielmehr folge der Überseehandel fast ausschließlich selbstgeschaffenem Recht. Hinsichtlich aller dem Handel wirklich wichtig erscheinenden Punkte sei das staatliche Recht für den Überseekauf „bedrucktes Papier, nichts weiter.“[31]

---

[28] Vgl. zu den Fällen der Inhaltskontrolle durch Verwaltungsbehörden *Ulmer* in Ulmer/Brandner/Hensen, AGBG, Einleitung Rn 53 ff.

[29] *Großmann-Doerth*, Das Recht des Überseekaufs, 1930, S. 42 ff.

[30] A.a.O., S. 43.

[31] A.a.O., S. 40.

Trotz vieler grundsätzlicher Übereinstimmungen bei den Handelsbräuchen sei insbesondere das Klauselrecht von einem international einheitlichen Verständnis der Handelsklauseln weit entfernt.[32] Darüber hinaus komme neben dem staatlichen Recht auch der staatlichen Gerichtsbarkeit kaum Bedeutung zu, da Streitigkeiten entweder pragmatisch von den Parteien selbst beigelegt oder vor privaten Schiedsgerichten ausgetragen würden.[33] Hier spielten der Zeitfaktor und Planungssicherheit eine Rolle.

> „Die tollste Fehlentscheidung", *so Großmann-Doerth*, „die ein … Schiedsgericht auf Grund viertelstündiger ‚Verhandlung' fällt, ist dem Betroffenen lieber als die mehrjährige Ungewißheit, welche der Instanzenweg des staatlichen Prozesses mit sich bringt. Hat man verloren, so kennt man doch wenigstens seine Lage und kann sich danach einrichten."[34]

Anders als bei den Allgemeinen Geschäftsbedingungen im nationalen Bereich steht Großmann-Doerth beim internationalen Handel dem Klauselrecht positiv gegenüber. Insbesondere geißelt er die Entscheidungen der nationalen Gerichte, die aus Unkenntnis des internationalen Klauselrechts Urteile fällten, die den Erfordernissen des Überseehandels nicht gerecht werden. Seiner Ansicht nach ist es in erster Linie die Handelspraxis, die sich das für sie brauchbare Regelungsgerüst selbst bauen soll.[35]

Damit steht Großmann-Doerth im Gegensatz zu Ernst Rabel, der sich eher für eine auf staatlichen Konventionen beruhende materielle Rechtsangleichung ausgesprochen und hier insbesondere mit seinem „Recht des Warenkaufs" sowie dem von ihm initiierten Kaufrechtsvereinheitlichungsprojekt von UNIDROIT die Grundlage für das heutige einheitliche UN-Kaufrecht gelegt hat.

Heute, 75 Jahre später, bestehen diese Gegensätze immer noch. Zwar haben die Bemühungen zur Schaffung international einheitlichen Rechts in Teilen Erfolg gehabt. Während die 1964 verabschiedeten Haager Einheitlichen Kaufgesetze ein Fehlschlag waren, ist das einheitliche UN-Kaufrecht von 1980 mittlerweile in 62 Staaten in Kraft getreten. Der internationale Wirtschaftsverkehr ist aber dennoch nach wie vor geprägt durch Handelsbräuche, Formularverträge und Klauseln. Dies zum einen, weil das UN-Kaufrecht lediglich die Pflichten von Käufer und Verkäufer regelt, aber

---

[32] A.a.O., S. 45.

[33] A.a.O., S. 50.

[34] A.a.O., S. 51.

[35] Vgl. hierzu *Großmann-Doerth*, Der Jurist und das autonome Recht des Welthandels, JW 1929, 3447 ff.

keine umfassende Rechtsordnung für sämtliche Fragen darstellt, die in Zusammenhang mit einem Kaufvertrag relevant sein können. Zum anderen gilt es nur für den Kauf selbst, nicht aber für Hilfsgeschäfte wie Transport, Zahlungsabwicklung oder Handelsvertretung und schließlich auch von vornherein nicht für den Anlagenbau und Dienstleistungsgeschäfte.

Somit scheint auf den ersten Blick alles beim Alten geblieben zu sein. Jedoch hat sich besonders im Bereich der Handelsklauseln einiges verändert. Ich möchte darauf im Folgenden eingehen, und zwar insbesondere deswegen, weil die Handelsklauseln, wie wir sehen werden, auch unter dem Aspekt privatautonomer Rechtsetzung von besonderem Interesse sind.

Als Handelsklauseln bezeichnet man Abkürzungen oder abgekürzte Sätze, die unter Kaufleuten verwendet werden, um den Vertragsinhalt in gewissen Punkten zu bestimmen oder zu präzisieren. Hinter wenigen Buchstaben verbergen sich hier zum Teil ausführliche Regelungen. Rechtlich handelt es sich bei Handelsklauseln grundsätzlich um Allgemeine Geschäftsbedingungen, so dass sie der Einbeziehung in den Vertrag bedürfen; andernfalls können sie nur insoweit Wirkung entfalten, als sie einen Handelsbrauch wiedergeben. Im Unterschied zu den sonst üblichen Allgemeinen Geschäftsbedingungen werden aber eben nur Abkürzungen in die vertragliche Vereinbarung aufgenommen. Dabei besteht zwar über den grundsätzlichen Regelungsgehalt Klarheit. Es liegt jedoch auf der Hand, dass eine solche Praxis zu Schwierigkeiten führen kann, wenn über die Bedeutung einer solchen Klausel im Detail keine Einigkeit besteht. Dies ist die Situation, die Großmann-Doerth in seiner Habilitationsschrift beschrieb.

Zu diesem Zeitpunkt hatte die Internationale Handelskammer in Paris (ICC) bereits zum ersten Mal die so genannten *Trade Terms* herausgegeben. Der im Jahre 1923 erschienene Katalog wurde später ergänzt und befindet sich heute auf dem Stand von 1953. Es handelt sich um eine Zusammenstellung von Handelsklauseln und deren Auslegung in den einzelnen nationalen Rechtsordnungen. Die Trade Terms lösen jedoch das von Großmann-Doerth geschilderte Problem nicht wirklich, weil sie aufgrund ihres kompilatorischen Charakters nicht in der Lage sind, eine einheitliche Auslegung der Klauseln zu sichern. Kommt es also zum Streit, welche nationale Auslegung einer Klausel maßgeblich ist, helfen die Trade Terms nicht weiter.

Aus diesem Grund gibt die ICC seit 1936 die so genannten „International commercial terms“, kurz *Incoterms* heraus. Die Incoterms werden in regelmäßigen Abständen neu gefasst, die aktuelle Fassung gilt seit dem 1.1.2000. Es handelt sich um einen Katalog von zur Zeit 13 im Welthandel üblichen Handelsklauseln, die vor allem die Tragung der Transportkosten sowie den genauen Ort und den Zeitpunkt des Gefahrübergangs betreffen. Anders als die Trade Terms sind die Incoterms keine Zusammenstellung nationaler Auslegungen, sondern enthalten eine einzige festgelegte Auslegung für jede der Klauseln. Die Incoterms gelten nicht aus sich selbst heraus; es handelt sich vielmehr um empfohlene Geschäftsbedingungen, die, um Wirkung zu entfalten, grundsätzlich der Bezugnahme im einzelnen Vertrag bedürfen. Die Bezugnahmeklausel lautet dann etwa „FOB Incoterms 2000", wodurch im Beispiel die FOB-Klausel der Incoterms 2000 in vollem Umfang Vertragsinhalt wird.

In der jüngeren deutschen Literatur wird die Auffassung vertreten, die Incoterms seien inzwischen so weit verbreitet und hätten einen so hohen Bekanntheitsgrad, dass es des Zusatzes „Incoterms" in der Regel nicht mehr bedürfe und die Verwendung einer der 13 Klauseln vorbehaltlich gegenteiliger Anhaltspunkte für sich spreche.[36] Und darüber hinaus könnten die Klauseln der Incoterms und ihre dort festgelegte Auslegung zu Handelsbräuchen erstarken mit dem Ergebnis, dass eine Bezugnahme im Vertrag überhaupt nicht mehr erforderlich sei. Angesichts ihrer großen Verbreitung und praktischen Bedeutung könne dies auch im Falle ihrer Neufassung durch die ICC recht schnell der Fall sein.[37]

Das mag für einen Teil der Klauseln zutreffen; bei den beiden ältesten und auch am meisten verbreiteten, nämlich der FOB- und der CIF-Klausel ist eine Entbehrlichkeit der Bezugnahme im Überseehandel jedoch deswegen zweifelhaft, weil diese Klauseln auch solche der US-amerikanischen Trade Terms sind und dort einen von den Incoterms abweichenden Bedeutungsgehalt haben.

Ist eine Klausel Vertragsinhalt geworden, so ist auch das gesamte durch die Klausel repräsentierte Regelwerk Vertragsinhalt, ohne dass es weiterer Konkretisierung bedürfte. Dabei garantieren die Incoterms eine einheitliche Bedeutung dieser Klausel in gleicher Weise, in der staatliches Recht dies tun würde. Dass die Incoterms nichtstaatlichen Ursprungs sind, mag deshalb für ihre rechtsdogmatische Einordnung wichtig sein; praktisch wirkt es sich nicht aus.

Aus diesen Gründen erscheint es gerechtfertigt, den Incoterms quasinormative Wirkung beizumessen. Dies gilt darüber hinaus nicht nur für die Incoterms, die ich hier lediglich exemplarisch behandelt habe; sie sind nur *ein* Beispiel für Klauselwerke, die in ihrem Konkretisierungsgrad und ihrer

---

[36] So *K. Schmidt* (Fn. 2) S. 841, sowie *ders.* in MünchKomm HGB, § 346 Rn 113.

[37] *Horn* in Heymann, HGB Band 4, 1990, § 346 Rn 72.

praktischen Auswirkung Rechtsnormen vergleichbar sind.[38] Insbesondere in den Bereichen des Kaufrechts, des Zahlungsverkehrs sowie im Bank- und Transportwesen haben sich etliche solcher Klauselwerke etabliert, wie zum Beispiel die ECE-Bedingungen für den Anlagenbau oder die S.W.I.F.T.-Klauseln für den Überweisungsverkehr zwischen Banken.[39]

Es handelt sich bei diesen Klauselwerken um ein wichtiges Instrument zur Rechtsvereinheitlichung, und zwar um ein solches privatrechtlichen Ursprungs. Die Bezeichnung als „Recht“ im weiteren, nicht auf das staatliche Gesetz beschränkten Sinn, erscheint hier besonders angebracht, denn die Klauseln entfalten ihre Wirkung aufgrund bloßer Inbezugnahme, durch die Aufnahme eines Kürzels in den Vertrag. Hält man sich nun vor Augen, dass Handelsverträge auf internationaler Ebene häufig eine Rechtswahlklausel enthalten, mittels derer die Parteien die für den Vertrag geltende nationale Rechtsordnung wählen, wird die Trennlinie zwischen Gesetz und Klausel zunehmend unscharf. Ob eine Vertragsbestimmung auf ein Regelungswerk privaten Ursprungs oder auf das Recht irgend eines nationalen Gesetzgebers verweist, erscheint aus der Sicht der jeweiligen Vertragsparteien als ein Unterschied eher akademischer Natur, jedenfalls solange damit nicht konkrete prozess- oder vollstreckungsrechtliche Konsequenzen verbunden sind.

IV. Lex mercatoria

Dies, die Möglichkeit der Rechtswahl durch die Parteien, führt mich zu einem letzten Punkt, den ich behandeln möchte. Macht man sich Gedanken über privatautonome Rechtsetzung im internationalen Handel, so stößt man unweigerlich auf die Diskussion um die „lex mercatoria“. Unter diesem Begriff zusammengefasst wird im Allgemeinen die Gesamtheit der Welthandelsbräuche, Musterklauseln und allgemeinen Rechtsgrundsätze, wenngleich schon bei der Begriffsbestimmung keine Einigkeit herrscht. Über die rechtliche Einordnung der lex mercatoria ist seit längerem ein zuweilen heftig geführter Streit entbrannt. Es geht dabei um die Frage, ob die lex mercatoria eine autonome, von den Staaten unabhängige und aus sich selbst geltende Rechtsordnung ist, welche die Parteien internationaler Handelsbeziehungen als maßgebliches Recht berufen können oder die sogar ohne solche Berufung von den Gerichten zu beachten ist. Ich kann auf den dog-

---

[38] *Grundmann* in Ebenroth/Bujong/Joost, HGB Band 2, Vor § 343 Rn 89 spricht von „gesetzesartigen Klauselwerken“.

[39] Zu weiteren Beispielen s. *Grundmann* a.a.O.

matischen Streit hier nicht im Detail eingehen.[40] Nur so viel: Löst man sich von dogmatischen und rechtstheoretischen Fragen – und das ist übrigens ganz im Sinne Großmann-Doerths, der die Rechtstatsachenforschung als eine zentrale Aufgabe des Juristen betrachtete[41] – kann man jedenfalls Folgendes feststellen:

Mit der Anwendung der lex mercatoria sind nur in seltenen Fällen nationale Gerichte befasst. Vielmehr entscheiden bei Streitigkeiten im internationalen Handel nach wie vor private Schiedsgerichte. Staatliche Gerichte werden hier nur in den vergleichsweise seltenen Fällen tätig, in denen es zu einer nationalen Vollstreckungsmaßnahme kommt. Die Schiedsgerichte sind nicht Hüter des Gesetzes wie die staatlichen Gerichte, sondern gewissermaßen das „persönliche" Gericht der Parteien, von diesen bestellt, beauftragt und bezahlt.[42] Dass die lex mercatoria keine vollständige, abgeschlossene Rechtsordnung bildet, wie Kritiker in der Sache durchaus richtig anmerken, stört dabei in der Praxis nicht. Ein Schiedsgericht benötigt für seinen Entscheid keine vollständige Rechtsordnung. Es hat lediglich einen Einzelfall zu entscheiden und dabei einige wenige Rechtsfragen zu beantworten.

Im Übrigen ist die Zahl der Schiedssprüche, die sich auf eine autonome „lex mercatoria" berufen, nicht so hoch, wie die Heftigkeit der Diskussion vermuten lässt.[43] Von diesen Schiedssprüchen betrifft darüber hinaus ein hoher Anteil[44] so genannte state contracts, Verträge in der Regel zwischen einem privaten Unternehmen eines Industriestaats und einem Entwicklungsland, das selbst nicht über ausreichendes technisches Know-how verfügt. Solche Verträge stellen gegenüber Verträgen zwischen Privaten insofern einen Sonderfall dar, weil sich einerseits der Staat regelmäßig nicht einer fremden Rechtsordnung unterwerfen will, und andererseits das Unternehmen Recht und Gerichte des Gaststaates aus Angst vor Manipulationen scheut. Daher liegt hier die Berufung einer autonomen Rechtsordnung des

---

[40] Zur modernen lex mercatoria im einzelnen näher: *Weise*, Lex mercatoria – Materielles Recht vor der internationalen Handelsschiedsgerichtsbarkeit, 1989; *Dasser*, Internationale Schiedsgerichtsbarkeit und lex mercatoria, 1989; *Kappus*, Lex mercatoria in Europa und Wiener UN-Kaufrechtskonvention 1980, 1990; *Blaurock*, Übernationales Recht des Internationalen Handels, ZEuP 1993, 245 ff.; *Stein*, Lex mercatoria. Realität und Theorie, 1995.

[41] Vgl. *Großmann-Doerth*, Der heutige Wirtschaftsjurist, in Monatsschrift für Kriminalpsychologie und Strafrechtsreform, Beiheft 3: Rechtsstaatsidee und Erziehungsstrafe, 1930.

[42] So *Dasser* (Fn. 40) S. 262.

[43] Vgl. *Dasser*, a.a.O., S. 402 sowie ausführlich in Kapitel 4.

[44] *Dasser*, a.a.O., S. 259 spricht von etwa der Hälfte.

Welthandels nahe. Im Normalfall eines Vertrags zwischen privaten Unternehmen bzw. Kaufleuten ist jedoch der Anteil der Schiedssprüche, die sich auf eine autonome lex mercatoria berufen, vorläufig noch gering;[45] er nimmt allerdings inzwischen deutlich zu. Das ist unter anderem auch darauf zurückzuführen, dass in immer größerer Zahl autonome Klausel- und Regelungswerke entstehen, die das Normengeflecht immer dichter weben. Auch UNIDROIT, eine für die internationale Rechtsvereinheitlichung besonders wichtige und mit hohem Ansehen versehene Institution, hat mit ihren „Principles for international commercial contracts", die sich ausdrücklich als Elemente einer lex mercatoria verstehen, einen ganz wesentlichen Beitrag geleistet. Ähnlich liegt es in Europa zur Zeit auch mit den „Lando-Principles".

Ich habe bereits vor vielen Jahren die Auffassung vertreten, das übernationale Recht des internationalen Handels stelle eine eigene, von den nationalen Rechtsordnungen unabhängige Rechtsordnung dar, die auch einer Rechtswahl zugänglich ist.[46] Die seitherigen Entwicklungen bestärken mich immer mehr in dieser Ansicht. Das Recht des internationalen Handels entnationalisiert sich zunehmend, und ein wesentlicher Faktor sind hierbei wiederum nichtstaatliche Organisationen, die privatautonom Recht setzen.

In der Praxis bereitet die rechtsdogmatische Einordnung der lex mercatoria de facto keine Probleme. Soweit den Schiedsgerichten wie in vielen Fällen nach Schiedsklausel und jeweiliger Verfahrensordnung die Möglichkeit eingeräumt ist, allein aufgrund von Billigkeit zu entscheiden (sog. „amiable composition"), stößt die unmittelbare Berufung auf die Grundsätze einer lex mercatoria von vornherein auf keine Bedenken. Nur wenn eine Billigkeitsentscheidung nicht zugelassen ist, kommt es auf die Frage der Rechtsnatur an. Entscheidet sich jedoch ein Schiedsgericht, die lex mercatoria als Recht zu behandeln und seine Entscheidung auf sie zu stützen, ist der Fall damit in der Regel erledigt, da Schiedssprüchen von der unterlegenen Partei meist freiwillig Folge geleistet wird. Lediglich in den seltenen Fällen, in denen dies anders ist, kommt es zum Vollstreckungsverfahren vor staatlichen Gerichten, die dann die Frage, ob das Schiedsgericht die lex mercatoria heranziehen durfte, in der Tat entscheiden müssen. Die Tendenz geht hier zunehmend dahin, die Vollstreckbarkeit solcher Schiedssprüche zu bejahen.

---

[45] Vgl. *Dasser,* a.a.O., S. 402.

[46] *Blaurock*, ZEuP 1993, S. 245 ff.

V. Schluss

Die Wirtschaft schafft sich ihre Rechtsregeln selbst. Im *nationalen Bereich* geschieht dies im Rahmen der Vertragsfreiheit, die nicht nur für den individuell ausgehandelten Vertrag gilt, sondern auch die Verwendung von AGB deckt. Der Staat zieht jedoch Grenzen einerseits durch das für Verträge geltende zwingende Recht und andererseits bei den AGB durch eine Inhaltskontrolle, die für Vertragsgerechtigkeit sorgen soll. Für die Einhaltung dieser Grenzen ist mit der Verbandsklage ein wirksames Instrument geschaffen worden. Dieses Modell entspricht einer liberalen Wirtschaftsauffassung und vermeidet übermäßige Staatseingriffe.

Im *internationalen Handel* fehlt zur Erhaltung der Vertragsgerechtigkeit dagegen die Staatskontrolle. Sie setzt vielmehr erst ein, wenn Vollstreckungsmaßnahmen innerhalb einzelner Staaten erfolgen sollen, beschränkt sich aber – vom ordre public abgesehen – auch hier auf die Verfahrenskontrolle und betrifft nicht den materiellen Ausgleich. Da im internationalen Handel aber nicht Verbraucher sondern nur Kaufleute beteiligt sind, ist dies auch richtig. Großmann-Doerth stellte schon 1929[47] die Frage, ob im internationalen Handel die staatlichen Gerichte denn wirklich dazu berufen seien, hinsichtlich der Vertragsgerechtigkeit die Kaufleute stärker gegeneinander zu schützen, als diese selbst es für nötig halten. Er kam zum Ergebnis, die Juristen seien zum Erfinden eines solchen Schutzes solange nicht berufen, als der Tatbestand unsittlicher Ausbeutung von Machtverhältnissen nicht in Betracht kommt.

Dem ist auch heute nichts hinzuzufügen.

---

[47] *Großmann-Doerth*, Der Jurist und das autonome Recht des Welthandels, JW 1929, 3447 (3448).

HANS GROßMANN-DOERTH

Selbstgeschaffenes Recht der Wirtschaft und staatliches Recht*

[3] Meinen sachlichen Ausführungen möchte ich einige Worte voranschikken über diejenigen, mit denen ich während der letzen drei Jahre auf einem Außenposten deutscher Kultur zusammengearbeitet habe: die Prager deutschen Studenten. Die deutsche Universität Prag ist wirklich ein Außenposten unserer Kultur, mitten im tschechischen Sprachgebiet gelegen, weitab von den deutschen Wohngebieten und in einer zu 95 % tschechischen Stadt. Das ist die Universität für die jungen Sudetendeutschen aus dem Böhmerwald, dem Erzgebirge, Schlesien und den mährischen Sprachinseln, die Universität der drei Millionen Deutschen, welche in der Tschechoslowakei ihre Heimat haben und deren Staat diese Tschechoslowakei ist. Die sudetendeutschen Studenten wissen, daß sie den Kampf um ihr Deutschtum allein auszufechten haben, daß sie mit der fast hoffnungslosen Verworrenheit ihres staatlichen Lebens im Grunde allein fertig werden müssen. Wenn sie trotzdem mit einer Zuversicht und Gläubigkeit zu uns Reichsdeutschen herüberschauen, welche etwas für uns unendlich Verpflichtendes hat, so deswegen, weil sie das Gefühl brauchen: da draußen, die im Reich, sie stehen innerlich zu uns, sie fühlen sich als unsere Brüder, sie erleben unsere Nöte mit. Als ich in einer für mich unvergeßlichen Stunde von meinen jungen sudetendeutschen Freunden Abschied nahm, da baten sie mich um zweierlei: Ich möchte sie nicht vergessen – dieser Bitte bedurfte es nicht, ich habe diese tapfere und saubere Jugend Böhmens, Mährens und Schlesiens liebgewonnen. Und zweitens: Ich möchte mit dazu helfen, daß man im Reich an sie denke. Diese zweite [4] Bitte ist leider nur allzu notwendig: Es hat mir immer wieder weh getan, zu sehen, wie wenig der Reichsdeutsche seiner sudetischen Brüder gedenkt, wie wenig er von ihnen auch nur weiß. Daß es in Prag eine deutsche Universität gibt, wissen sehr viele Reichsdeutsche,

---

* *Hans Großmann-Doerth*, Selbstgeschaffenes Recht der Wirtschaft und staatliches Recht. Antrittsvorlesung vom 11. Mai 1933, Freiburg im Breisgau: Fr. Wagner'sche Universitätsbuchhandlung 1933 (Freiburger Universitätsreden, Heft 10). Die in eckigen Klammern angegebenen Ziffern geben die Seitenzählung der Originalveröffentlichung wieder.

auch Akademiker, nicht, und dabei ist Prag nicht nur die älteste deutsche, sondern auch heute immer noch eine der größten deutschen Universitäten. Bei dieser jetzigen für mich so festlichen Gelegenheit grüße ich in Gedanken die Freunde, die ich dort in ihrem Kampfe verlassen habe, und bitte Sie, Kommilitonen: Schließen Sie in die Liebe zum eigenen Volke immer auch den Prager deutschen Studenten ein, den treuesten Sohn des deutschen Volkes!

Der Vertrag des Wirtschaftsverkehrs war einst eine Angelegenheit, welche ausschließlich durch die jeweilige Vereinbarung der jeweiligen beiden Vertragsschließenden – ich nenne dies Einzelvereinbarung – und im übrigen durch die dispositiven Normen des staatlichen Gesetzes gestaltet wurde. So ist es auch heute noch in den meisten Bezirken des Kleinhandels, bei Verträgen über Rennpferde und Kunstwerke und auch in Teilen des Großverkehrs. Aber für die überwältigende Mehrheit der im Wirtschaftverkehr geschlossenen Verträge liegt es heute ganz anders: Einzelvereinbarungen und staatliche Rechtsnorm sind zurückgedrängt durch eine neue Rechtsquelle: die Allgemeine Geschäftsbedingung[1]. Das sind Normen, aufgestellt von der einzelnen Unternehmung oder, in wachsendem Maße, von den Verbänden der Unternehmer, in letzter Zeit auch in gemeinsamer Arbeit von den Verbänden aller am Vertrage Interessierten. Die Allgemeinen Geschäftsbedingungen werden von den Parteien des Einzelvertrages diesem als lex contractus zugrundegelegt. Die jeweilige Vereinbarung beschränkt sich im übrigen auf wenige [5] Punkte, etwa beim Kaufvertrag auf Preis und Menge. Die Allgemeine Geschäftsbedingung beherrscht alle wichtigeren Zweige des Wirtschaftsverkehrs: sämtliche Zweige des Beförderungswesens, das Versicherungsgeschäft, das Bankgeschäft, das Mietrecht, das Arbeitsrecht (Tarifvertrag), vor allem auch den größten Teil des Kaufgeschäfts in allen seinen Zweigen: Fertigwaren, Rohstoffe, bis hin zum Viehhandel. Die ersten Anfänge der Allgemeinen Geschäftsbedingungen dürften um Mitte des 19. Jahrhunderts liegen. In den letzten drei Jahrzehnten namentlich hat eine Entwicklung eingesetzt, welche schließlich fast das gesamte Wirtschaftsleben überschwemmt hat.

Ich nenne die Allgemeine Geschäftsbedingung „Recht" – im Gegensatz zum staatlichen Recht das selbstgeschaffene Recht der Wirtschaft[2]. Das ist eine Erweiterung des Begriffes „Recht": anders als das staatliche Recht gilt ja die Allgemeine Geschäftsbedingung für den Einzelvertrag nicht ohne weiteres, sondern nur auf Grund einer dahingehenden Vereinbarung der Parteien, also kraft Parteiwillens. Dieser Gegensatz ist gewiß nicht bedeutungslos: Die Rechtsprechung hat darüber zu wachen, daß im Einzelfall die Allgemeine Geschäftsbedingung nicht ohne solchen Parteiwillen Geltung erlange, und sie besitzt hier ein wirksames – übrigens nicht immer ausreichend verwertetes – Mittel, um gegenüber diesem selbstgeschaffenen Recht die Rechtspolizei auszuüben. Doch darf die praktische Bedeutung dieses Gegensatzes zum staatlichen Rechte nicht allzu hoch bewertet werden: Die Vereinbarung der Allgemeinen Geschäftsbedingung als lex contractus des Einzelvertrages ist in weiten Gebieten des Wirtschaftlebens reine Formsache. Diese Rechtsnormen bedürfen zur Geltung des Parteiwillens, aber hinter ihnen stehen regelmäßig gesellschaftliche Mächte, welche dafür sorgen, daß dieser Parteiwille sich zur Verfügung stellt. [6] Und hiervon abgesehen hat die Allgemeine Geschäftsbedingung dieselbe Stellung wie die staatliche Rechtsnorm: nicht von den Parteien des Einzelvertrages gestaltet, von ihnen im Gegenteil meist unabhängig, ja recht oft ihnen gegenüber unabänderlich, sind die Allgemeinen Geschäftsbedingungen wie das staatliche Recht einer Macht, welche von außen das Vertragsverhältnis bestimmt. Diese Gleichheit der gesellschaftlichen Stellung berechtigt m. E., die Allgemeine Geschäftsbedingung „Recht" zu nennen. Und das ist keine nur terminologische Frage. Ich wähle diese Bezeichnung absichtlich immer wieder und auch heute, um damit die wirkliche Bedeutung dieser von Juristen meist nicht genügend gewürdigten Entwicklung zu kennzeichnen. Ganz gewiß nicht deshalb nenne ich die Allgemeine Geschäftsbedingung Recht, weil ich diese Entwicklung gutheiße, sondern im Gegenteil, weil ich dieses Nebeneinander der beiden Rechtsordnungen, der staatlichen und der wirtschaftlichen, für eine höchst problematische Angelegenheit halte.

Vor allem ist dieses Nebeneinander großenteils ein Gegeneinander. Dafür einige alltägliche Beispiele:

Wenn die Fabrik auf eine Bestellung hin mangelhafte Erzeugnisse liefert, so hat nach dem staatlichen Recht der Besteller das Recht, vom Vertrage abzugehen oder Preisminderung oder Ersatzlieferung zu verlangen; ist ihm durch die Mangelhaftigkeit der gelieferten Ware ein Schaden erwachsen, – z. B. infolge eines Fehlers an der gelieferten Maschine ist seine eigene Erzeugung gestört worden, Rohstoffe sind unnütz vertan und dergl. –, so hat er weiter, Verschulden des Verkäufers vorausgesetzt, Anspruch auf Schadenersatz. So das staatliche Recht. Demgegenüber haben z. B. der Verein Deutscher Maschinenbau-Anstalten und der Zentralverband der Deutschen elektrotechnischen Industrie sich auf Allgemeine Liefe- [7]rungsbedingungen geeinigt, in denen für den Fall der mangelhaften Lieferung von allen gesetzlichen Rechten des Käufers nur das Recht auf neue Lieferung oder Lieferung von Ersatzteilen anerkannt wird und ausdrücklich alle anderen Ansprüche ausgeschlossen werden, vor allem der Anspruch auf Ersatz von Schäden irgendwelcher Art[3].

Weitere Beispiele bieten die Freizeichnungsklauseln im Beförderungsgewerbe, also namentlich der Reeder und Spediteure; allerdings ist hier schon heute vieles gegenüber früher gemäßigt (das deutsche Einheitskonnossement von 1912) oder aufgegeben (die heutige Praxis des Speditionsgewerbes scheint dahin zu gehen) worden.

Ein Beispiel aus dem Samenhandel[4]: Das deutsche Reichsgericht[5] hat ausgesprochen, daß der Verkäufer von Saatgut ohne weiteres stillschweigend für Keimfähigkeit die Garantie übernehme, sodaß er also bei Fehlen der Keimfähigkeit ohne Rücksicht auf Verschulden dem Landwirt vollen Schadenersatz zu leisten hat. Eine rechtspolitische Tat, welche von der richtigen Einsicht in die Interessenslage getragen ist: denn ohne diese Annahme einer stillschweigenden Zusicherung würde der Zwischenhändler nur im Falle des Verschuldens haften, könnte sich also dem Landwirt gegenüber darauf berufen, daß nicht ihn, sondern einen seiner Vormänner, etwa den Saatguterzeuger, das Verschulden treffe, und an diesen könnte sich der Landwirt infolge des Fehlens vertraglicher Beziehungen nicht halten, sodaß also der Landwirt keinen Schadenersatz bekommen und der wirklich Schuldige frei ausgehen würde. Das Reichsgericht hat dabei erklärt, daß Saatgutgeschäfte als notwendig volle Vertrauensgeschäfte redlicherweise nur auf der Grundlage solcher Garantiehaftung gewollt sein könnten und dürften. – Und wie sieht es im selbstgeschaffenen Recht der Wirtschaft in dieser Beziehung aus? [8] In allen Bedingungen des deutschen Samenhandels, in den von der Gesamtorganisation der deutschen Samenhändler und in den von lokalen Organisationen geschaffenen, ist die Ersatzpflicht des Verkäufers auf den Rechnungsbetrag begrenzt – m. a. W.: der Käufer hat keinen Schadenersatzanspruch, sondern ist auf die Wandlung beschränkt.

Ein besonders krasses Beispiel schließlich noch aus der jüngeren Entwicklung der Bedingungen der deutschen Großbanken: In den Geschäftsbedingungen aller Großbanken ist ihnen ein Pfandrecht eingeräumt an allen Vermögensgegenständen des Kunden, welche irgendwie in den Besitz der Bank gelangen. Dazu wurde i. J. 1929 dem Reichsgericht[6] folgender Streitfall vorgelegt: Ein Kunde der Deutschen Bank und Diskonto-Gesellschaft hatte ihr einen Wechsel zur Diskontierung, also zum Ankauf, eingereicht. Die Bank hatte die Diskontierung abgelehnt, hatte aber den Wechsel behalten mit der Behauptung, auf Grund jener Klausel ihrer Allgemeinen Geschäftbedingung habe sie ein Pfandrecht an diesem Wechsel erworben. Das Reichsgericht verneinte das mit größter Entschiedenheit: Der Wille des Kunden gehe deutlich dahin, daß im Falle der Ablehnung der Diskontierung der Wechsel zurückgegeben werden solle; jene Klausel der Allgemeinen Geschäftsbedingung sei also in diesem Falle ausgeschaltet. In dem Verhalten der Bank liege – wörtlich – „ein grober Verstoß gegen Treu und Glauben" und „ein offenbarer Mißbrauch des vom Kunden der Bank entgegengebrachten Vertrauens." Das waren deutliche Worte, und man hätte annehmen dürfen, sie würden ihre Wirkung nicht verfehlen. In der Tat haben sie Wirkung erzielt, aber freilich in anderer als der zu erwartenden Richtung. So steht seitdem in den Bedingungen einer dem Reiche nicht mehr ganz fremden Großbank[7]: Für den Fall, daß die Bank die Diskontierung hereingegebener [9] Wechsel ablehne, „gelten sie als verpfändet, wenn der Kunde den Wechsel nicht sofort zurückfordert". Anscheinend noch allgemeiner verbreitet aber ist folgende Klausel: „Wechsel, deren Diskontierung nicht zustandekommt, sollen dem Bankhause zum Einzug verbleiben." Zu dieser letzteren gewollt harmlos klingenden Klausel bemerkt ein dem Centralverband des Bank- und Bankiergewerbes sehr nahe stehender juristischer Schriftsteller[8]: diese Klausel bezwecke, „was zunächst nach außen nicht hervortritt", der Bank ein Pfandrecht an solchen Wechseln zu verschaffen; denn an zur Einziehung überwiesenen Wechseln erwerbe ja die Bank jedenfalls auf Grund der allgemeinen Sicherungsklausel das Pfandrecht. Und nun machen Sie sich bitte klar: Das Reichsgericht stellt fest, daß ein Kunde, welcher einen Wechsel zur Diskontierung einreiche, den deutlichen Willen zeige, den Wechsel für den Fall der Ablehnung der Diskontierung wieder zurückzubekommen, ohne Rücksicht auf den Wortlaut der Allgemeinen Geschäftbedingung; respektiere die Bank diesen Willen des Kunden nicht, so verstoße sie gegen Treu und Glauben und mißbrauche das Vertrauen des Kunden. Wird daran irgendetwas geändert durch die neu hereingebrachten Sonderklauseln? Es bedarf keines überfeinen Gefühls für Recht und Anstand, um zu erkennen, daß dies nicht der Fall ist. Nach wie vor ist es der deutliche Wille des Kunden, den Wechsel zur Ansicht und zur Prüfung vorzulegen und ihn nur für den Fall der Diskontierung dort zu belassen – er könnte sich ja sonst auf die Zusendung einer Abschrift des Wechsels beschränken oder andere Vorsichtsmaßregeln treffen. Daran ändern diese kleinen verschmitzten Manöverchen der neuen Allgemeinen Geschäftbedingungen gewiß nichts. Die Banken versuchen hier, wie übrigens auch sonst, durch Klauseln ihrer Allgemeinen Geschäftbedingungen den Kunden einen Willen unterzuschieben, [10] den sie in Wahrheit und der

Bank bewußt nicht haben. Denn es ist doch auch für die Bank eine Selbstverständlichkeit, daß derjenige Kunde, welcher diese neue Klausel wirklich kennen und in ihrer Tragweite erkennen würde, in allen kritischen Fällen seine Wechsel so zur Diskontierung anbieten würde, daß die Bank sie nicht in den Besitz bekommt, bevor sie sich über die Diskontierung entschieden hat. Und jene erstgenannte Klausel rechnet damit, daß der Kunde, wie es auch in dem erwähnten Rechtsstreit der Fall war, in Unkenntnis der Rechtslage sich der Rechtsbehauptung der Bank fügen werde, also den Wechsel eben nicht zurückfordere – wobei zu beachten, daß diese Rechtsbehauptung seit jener Reichsgerichtsentscheidung im Bewußtsein ihrer Unrichtigkeit aufgestellt wird.

Alles also Fälle, in denen das staatliche Recht: Gesetz und Ergebnisse der Rechtsprechung, durch dieses selbstgeschaffene Recht der Wirtschaft bewußt und planmäßig ausgeschaltet wird.

Wie haben wir uns dem gegenüber einzustellen?

Es ist üblich, diese Angelegenheit dadurch zu bagatellisieren und zu verharmlosen, daß man sagt: dies alles halte sich im Rahmen der Vertragsfreiheit, die ja vom Gesetz ausdrücklich anerkannt sei, denn die betreffenden Normen seien vom Gesetz für abdingbar erklärt. Dieser Standpunkt ist unhaltbar[9]. Der liberalistische Grundsatz von der Vertragsfreiheit hat zur Voraussetzung jenen zu Beginn meiner Ausführungen geschilderten Vertragsschluß, den ich Einzelvereinbarung nannte: der ganze Vertragsinhalt, soweit er nicht dem Gesetz oder der Verkehrssitte überlassen ist, wird zwischen einzelnen (und – eine weitere Abweichung der Wirklichkeit vom Vorstellungsbild des liberalen Gesetzgebers – gleichstarken) Individuen jeweils vereinbart. Nur von diesem Ausgangspunkt aus konnte der liberale Gesetz- [11]geber so wichtige und wohlerwogene Grundsätze, wie z. B. die Haftung des Schuldners für sein und seiner Gehilfen Verschulden, der Privatautonomie gegenüber preisgeben, sie für abdingbar erklären: denn bei solcher Art des Vertragschließens hat der Ausschluß der gesetzlichen Haftung keine irgend erhebliche Lebensbedeutung, kommt solcher Ausschluß nur ganz vereinzelt vor. Entscheidend anders im Bereich der Allgemeinen Geschäftsbedingungen: Nach wie vor beachtet der Vertragspartner beim Abschluß nur das individuell schriftlich Abgemachte, das jeweils für den Einzelvertrag zwischen den Vertragspartnern Festgesetzte. Dagegen die gedruckten Allgemeinen Geschäftsbedingungen werden nicht beachtet. Das ist vielleicht die bedeutsamste Tatsache aus diesem Rechtgebiet. Denn schon von hier aus hat es der Unternehmer in der Hand, seine Allgemeine Geschäftsbedingung nach seinem freien Belieben zu gestalten. Daraus erklärt sich auch die Tendenz zum Wachstum, die allen Allgemeinen Geschäftsbedingungen anhaftet. Schriftliche oder gar mündliche Verträge sind kurz, dagegen bedeutet es für den einzelnen Vertragsschluß, wenn einmal gedruckte Bedingungen zugrunde gelegt werden, keinen Unterschied, ob es sich dabei um einige wenige Klauseln oder um, wie so häufig, mehrere engbedruckte Seiten handelt. Und nicht nur lang: während die Parteien in der Einzelvereinbarung ihre eigene Sprache reden, sich gegenseitig verständlich, überläßt der Unternehmer die Abfassung der Allgemeinen Geschäftbedingung regelmäßig Juristen. Diese sind in der Lage, verwickelte Regelungen zu treffen, und sie setzen dem staatlichen Recht seine Verneinung in dessen eigener Sprache entgegen. Dadurch kommt Unverständlichkeit hinzu: und auf diese Unverständlichkeit wird ja gelegentlich geradezu gerechnet, wie das soeben erwähnte Beispiel aus den Allgemeinen Geschäftbedingungen der Banken zeigt.

[12] Schon für den einzelstehenden Unternehmer also bedeutet seine Allgemeine Geschäftbedingung, daß die Gestaltung des Vertragsverhältnisses sehr weitgehend seinem Diktat unterliegt. Noch mehr gilt dies, wenn er der wirtschaftlich Stärkere ist, und vor allem dann, wenn er sich mit Konkurrenten zu Kartellen zusammengeschlossen hat und das Kartellbüro den Mitgliedern diese Bedingungen vorgeschrieben hat.

Diese Unterschiede zur Einzelvereinbarung sind so tiefgehend, daß man die Allgemeine Geschäftsbedingung vom Grundsatz der Vertragsfreiheit her, welcher doch mit jener Einzelvereinbarung rechnet, nicht rechtfertigen kann.

Damit ist freilich die Angelegenheit nicht erledigt. Durchaus denkbar ist der Standpunkt, daß man auch unabhängig von jenem Grundsatz der Vertragsfreiheit dies alles der Wirtschaft ruhig überlassen solle, unter Beschränkung auf die Korrekturen, die sich schon vom Standpunkt des liberalen Rechts her ergeben, also insbesondere aus dem § 138 BGB. So ist in der Tat durchgehend der Standpunkt der Juristen, welche sich allerdings, wie schon hervorgehoben, für diese ganze Entwicklung wenig interessieren. Das ist nun eine Frage der Weltanschauung. Die Deutschen nennen sich heute in der überwältigenden Mehrzahl Sozialisten. Das bedeutet doch jedenfalls: die Sehnsucht nach gerechter Lebensordnung. Von hier aus aber ist zu fragen: Wenn Unternehmer und Unternehmerverbände sich mit Hilfe der Allgemeinen Geschäftsbedingung der Rechtssetzung bemächtigen, müssen sie sich dann nicht gefallen lassen, daß man sie in dieser Rechtssetzung mit denselben Maßstäben mißt, mit denen wir den staatlichen Gesetzgeber zu messen gewohnt sind? Auch dieses staatliche Recht ist dem Volke großenteils unbekannt und unverständlich: das ist gewiß zu beklagen und vielfach sehr lästig. Aber das blinde Vertrauen, welches demnach [13] auch das staatliche Recht verlangt, findet seinen Ausgleich in dem Bestreben der staatlichen Rechtssetzung, gerechte und zweckmäßige Regelungen zu finden. Eben das aber gilt für viele Teile des selbstgeschaffenen Rechts der Wirtschaft nicht, wie die bisher gegebenen Beispiele teilweise schon zeigen. Dabei denke ich nicht nur an die Großbanken, welche gelegentlich geradezu darauf ausgehen, den Kunden in ein Netz ihm unbekannter und unerkennbarer Bedingungen zu verstricken; ich möchte hierzu übrigens noch ein weiteres Beispiel geben: es wird in den Bankenbedingungen die Haftung für irgendwelche Geschäftbesorgungen, wie z. B. die Einlösung von Dokumenten, dem Wortlaut nach schlechthin ausgeschlossen, obwohl sich die Banken darüber klar sind, daß sie sich damit nach richtiger und von der Rechtsprechung geübter Auslegung keinesfalls von der gesetzlichen Sorgfaltspflicht befreien und also bei unsorgfältiger Ausführung trotzdem schadenersatzpflichtig sind. Warum also diese zu weit gehende Formulierung? Die Verantwortlichen müssen sich doch über die Gefahr klar sein, daß im Einzelfall die Bank sich dem Kunden gegenüber auf jene irreführende Formulierung beruft und der Kunde dann auf die Geltendmachung seiner Ansprüche verzichtet, weil er nicht weiß, daß diese Klausel anders auszulegen ist! – Aber wenn ich dieses selbstgeschaffene Recht der Wirtschaft ein Willkürrecht nenne, so denke ich keineswegs an diese geradezu unsauberen Dinge. Ist es denn nicht reine Willkür, wenn z. B. jene bedeutendsten und mächtigsten Gruppen der Industrie sich so gut wie ausnahmslos von der gesetzlichen Schadenersatzpflicht für den Fall schuldhaft schlechter Lieferung freizeichnen?

Gegenüber solcher Fragestellung wird prompt der Einwand der Lebensfremdheit erhoben: die „Interessen der Wirtschaft“ verlangten das eben. Aber [14] was sind denn die „Interessen der Wirtschaft“? Diesem unklaren und daher zur demagogischen Handhabung so überaus geeigneten Begriff gegenüber ist notwendig die klare Scheidung zwischen einerseits dem Augenblicksinteresse des einzelnen Unternehmers an der Erlangung bequemerer oder günstigerer Rechtsstellung und andererseits der Interessenlage auf lange Sicht und vom Standpunkt der Gesamtwirtschaft aus betrachtet. Für jenes Augenblicks- und Einzelinteresse ist das Willkürrecht unbestreitbar oft recht vorteilhaft: Der Unternehmer begeht ein Versehen und müßte sonst u. U. erheblichen Schadenersatz leisten; die Bank möchte aus irgendwelchen Gründen den auf bestimmte Frist eingeräumten Kredit vorzeitig und fristlos widerrufen und könnte es sonst nur, wenn sie einen wichtigen Grund hätte und vor allem nachweisen könnte, usw. Aber ganz anders ist dies zu beurteilen, wenn man die wirtschaftlichen Interessen auf lange Sicht und vom Standpunkt der Gesamtwirtschaft aus berücksichtigt. Am Beispiel der Verschuldenshaftung gezeigt: Von der Gesamtwirtschaft aus sieht die Frage der Schadenersatzpflicht des Schuldners wegen Verschuldens bei der Vertragserfüllung doch so aus: Die Belastung mit dem Schaden ist für beide Teile hart. Aber der Schaden ist so zu belasten, daß der Wirtschaftsverkehr davon Nutzen oder doch die geringstmögliche Beeinträchtigung erfährt. Von diesem Gesichtspunkt aus spricht entscheidend für die Belastung des unsorgfältigen Unternehmers mit dem Schaden, also für die gesetzliche Verschuldenshaftung, daß sie einen Ansporn zu sorgfältiger Vertragsausführung bedeutet. Die von den Unternehmern hiergegen erhobenen Einwände sind sicherlich gewissenhaft zu prüfen. Aber wenn österreichische und tschechoslowakische Spediteure bei gleicher gesetzlicher Rechtslage auch ohne Freizeichnung arbeiten können, wenn englische, amerikanische, [15] französische Banken ganz ohne Allgemeine Geschäftsbedingungen auskommen, so wirft schon das auf manche Behauptungen deutscher Interessenverbände ein kennzeichnendes Licht. – Vielfach wird von eben diesen Interessenverbänden geltend gemacht, man brauche manche scharf und rigoros anmutende Normen, nicht um sie allgemein anzuwenden, sondern um eine Handhabe gegenüber schikanösen oder betrügerischen Kunden zu haben. So namentlich die Banken. Aber wir wissen, daß auch Bankleiter – woraus kein Vorwurf abgeleitet sein soll – nicht durchgehend von dem besonders hohen Ethos beseelt sind, welches solche Diktaturstellung allein rechtfertigen könnte. Vom höheren Standpunkt aus weiser ist das staatliche Recht, welches auf das Gleichgewicht der Rechte hinwirkt.

Das Gegeneinander von einander schroff widersprechenden Willkürregelungen hat namentlich in der Industrie zu grotesken Zuständen geführt: Die Verschiedenheit zwischen den eigenen Verkaufsbedingungen einerseits und den eigenen Einkaufsbedingungen andererseits ist wie nichts anderes geeignet, den Willkürcharakter dieser selbstgeschaffenen Rechtsordnungen zu beweisen. Andererseits führt dieser Widerspruch zwischen den Bedingungen des Käufers und denen des Verkäufers im Einzelfall oft dazu, daß es gänzlich unmöglich ist, festzustellen, welchen Normen der Einzelvertrag nun eigentlich unterliegt.

Und jetzt komme ich an den Punkt, an dem dieses Willkürrecht die Grundlagen gerade auch der Wirtschaft zutiefst berührt. Kommilitonen! Denken sie einmal darüber nach, wie sich in den Köpfen der Schöpfer solchen Willkürrechts die Idee des Rechts als solchen malt! In den Köpfen von

Unternehmern, und noch mehr der allzu willfährig ihren Augenblicksinteressen und -wünschen dienenden Geschäftsjuristen, deren einziges Ziel ist, alle ihren Auftraggebern irgend unbequemen Regeln der staatlichen Rechtsordnung [16] aus dem Wege zu räumen, welche hier an dieser Stätte das staatliche Recht einst nur erlernt haben, um später dem staatlichen BGB. ein ebenso sauber gearbeitetes Anti-BGB. entgegensetzen zu können, für welche klare, wohlerwogene und weise Entscheidungen des obersten Gerichtshofs nichts als lästige Hemmungen sind, die man in skrupelloser Weise aus dem Wege zu räumen hat! In den Köpfen dieser für so große Gebiete des Lebens das Recht maßgeblich bestimmenden Männer gibt es überhaupt keine Rechtsidee, und daher nenne ich sie Geschäftsjuristen. Und hier berührt sich der Fragenkreis dieses selbstgeschaffenen Rechts der Wirtschaft in unseliger Wechselwirkung mit der furchtbaren Verwilderung des Rechtsgefühls, welche das deutsche Unternehmertum seit dem Kriege in wachsendem Maße ergriffen hat, namentlich die Leitungen der Großunternehmung – wobei die Schuld gewiß nicht nur bei ihnen liegt, vielmehr großenteils in der Handhabung der Staatsgewalt, verfehlter Gesetzgebung, verfehlter Verwaltung, auch alles nur auf das Tagesinteresse abgestellt, und wobei gewiß wir andern uns nicht besser dünken dürfen, es handelt sich vielmehr um eine ganz allgemeine Entwicklung. Ohne solche Verwilderung des Rechtsgefühls wären diese Willkürrechtsbildungen nicht möglich gewesen. Und andererseits sind sie allzusehr geeignet, gerade auch in dieser Beziehung weiteren Schaden zu stiften, auch insbesondere bei den ihnen Unterworfenen das Gefühl für Recht, den Glauben an den Rechtsgedanken zu untergraben. Und wagt man demgegenüber heute noch zu behaupten, daß solches lebendige und feste Gefühl für die Autorität des staatlichen Rechts etwas der Wirtschaft Entbehrliches sei?: Wie war es denn mit der Sicherungsübereignung? Die übergabelose Sicherungsübereignung bedeutet ein Triumph der Geschäftsjuristenprudenz – leider nicht ohne passive Mitwirkung der [17] Reichsrichter – über den angeblich „wirtschaftsfeindlichen" Grundsatz des staatlichen Rechts, daß es keine geheime Verpfändung von Waren geben solle. Und was hat sich dann herausgestellt? Die geheime Verpfändung in Form der übergabelosen Sicherungsübereignung hat den Kreditverkehr so schwer geschädigt, daß die Wirtschaft heute große, aber bisher vergebliche Anstrengungen macht, auch dieser von ihr so klug ersonnenen Verpfändungsform wieder Offenkundigkeit zu verschaffen, – und so der Weisheit jenes staatlichen Rechtssatzes ungewollt eine Anerkennung zollt, wie sie deutlicher freilich nicht sein kann. – Aber die Sicherungsübereignung ist ein harmloses Beispiel. Denken Sie an das gegenwärtig traurigste aller Stücke deutschen Rechtslebens, das Aktienrecht! Bekanntlich haben die Geschäftsjuristen nicht geruht, bis sie hier das zwingende staatliche Recht mit Stumpf und Stiel ausgerottet haben[10]. Wie stolz waren sie darauf, solche Instrumente wie die „Verschachtelung" immer feiner und feiner auszubilden, bis es möglich war, die letzte Vorschrift des staatlichen Rechtes mit ihrer Hilfe ungestraft, weil heimlich, zu übertreten. Und was stellte sich dann heraus, als jene Zusammenbrüche der Großunternehmungen die deutsche Wirtschaft durch und durch erschütterten? Keiner dieser Zusammenbrüche wäre in diesem Ausmaße möglich gewesen ohne die Tochtergesellschaft, ohne die Verschachtelung, Vorhänge, von den Geschäftsjuristen als den Dienern des Tagesinteresses allzu geschäftig gewebt, hinter denen allein sich jahrelang die dunklen Dinge abspielen konnten, denen auf die Dauer kein Wirtschaftsorganismus gewachsen ist. Und mehr noch hat sich dabei herausgestellt: daß nämlich eine Wirtschaft nicht ungestraft jahrelang die Bilanzfälschung als „Kavaliervergehen" handhaben darf. Bei größerer Achtung vor den angeblich wirtschaftshemmenden Bilanzvorschriften des staatlichen [18] Rechtes würde heute die deutsche Wirtschaft besser und gesünder dastehen. Ueber dem Tagesinteresse hat man die ewigen Gesetze des menschlichen Zusammenlebens vergessen. – Wie weit diese Verwilderung des Rechtsempfindens schon geht, dafür noch ein kleines persönliches Erlebnis: Auf dem V. Deutschen Juristentag in der Tschechoslowakei (1931) wurde mir im Hinblick auf mein dort erstattetes Gutachten über die Reform der G.m.b.H. von Wirtschaftlern der Vorwurf gemacht, ich beurteile diese Dinge vom Standpunkt einer „hochgespannten Ethik"[11]. Sie werden denken, ich hätte dort vorgeschlagen, Gemeinwohl über Eigennutz zu stellen oder dergleichen? Nein. Ich hatte nichts getan, als den Wunsch geäußert, die Herren Kaufleute möchten ihre Schulden bezahlen!

Worauf es mir ankommt, ist dies: Das Deutsche Volk könnte aus den vergangenen Jahren gelernt haben – und ich möchte nicht verschweigen: auch i c h habe das Entscheidende aus ihnen gelernt –, daß keine Wirtschaft ohne die Achtung vor den Normen des staatlichen Rechtes auf die Dauer leben kann. Und daß also eine autonome Willkürrechtsbildung, welche die Autorität des staatlichen Rechtes und des Rechtsgedankens überhaupt schädigt, damit schon zeigt, daß sie etwas der Wirtschaft Feindliches ist.

Aber noch eins: Die Wirtschaft darf nicht isoliert für sich betrachtet werden, sie ist Glied des gesamten Volkslebens. Und es ist die Frage aufzuwerfen: Darf es überhaupt zugelassen werden, daß die Wirtschaft den Willen des staatlichen Gesetzgebers durchkreuzt? Daß neben dem staatlichen Recht eine von ihm so weitgehend unabhängige und sich gleichberechtigt fühlende

Rechtsordnung existiert? Wieder handelt es sich um eine Frage der Weltanschauung, des Staatsgefühls. Für den deutschen Staat bis vor der Umwälzung war dieser Gegensatz nur einer unter vielen: für ihn war solches Gegeneinanderarbeiten aller gegen [19] alle ja fast charakteristisch. Wer demgegenüber den Willen des Staates noch und wieder ernst nimmt, wird solchen Gegensatz staatlicher und autonomer wirtschaftlicher Rechtssetzung für untragbar halten müssen. Es geht nicht an, daß das Bestreben des Staates, eine gerechte und zweckmäßige Regelung der wirtschaftlichen Interessengegensätze zu geben, von der Wirtschaft willkürlich durchkreuzt wird. Soweit es sich nicht um rein technische Regeln (z. B. die Regelung des Gefahrüberganges im Kaufvertrag) handelt, sondern um grundsätzliche und auf Gerechtigkeitsurteilen beruhende Normen, wie z. B. die Verschuldenshaftung, da kann es nicht richtig sein, daß der Staat die Rechtsnorm, auch die dispositive Rechtnorm nur schafft, um dann untätig zusehen zu müssen, wie diese Normen für wichtigste Bereiche des Lebens zum toten Buchstaben erniedrigt werden.

Glauben Sie aber nicht, daß ich von diesem Standpunkt aus das selbstgeschaffene Recht der Wirtschaft in seiner Gesamtheit ablehne. Nicht nur ist es dort, wo es sich um rein technische Fragen handelt, naturgemäß oft dem staatlichen Recht überlegen, schon wegen der stärkeren Verbundenheit der für die Rechtssetzung maßgeblichen Menschen mit dem Leben. Nicht nur kann es das staatliche Recht den besonderen Bedürfnissen der einzelnen Wirtschaftszweige im Wege der Ergänzung anpassen. Sondern darüber hinaus gibt es meiner Ueberzeugung nach in der Tat Fälle, wo solche Anpassung nicht anders als durch Abänderung, also Ausschaltung der staatlichen Norm geht. Deswegen braucht das staatliche Recht nicht schlechter zu sein. Aber leider kommt auch das vor. Leider gibt es Einrichtungen und Sätze des staatlichen Rechtes, denen gegenüber die abweichende, autonome Regelung der Wirtschaft sich bei gerechter Prüfung als die bessere und weisere zeigt.

[20] Dafür zwei Beispiele:

Die einzige Gesellschaftsform, welche das staatliche Recht, wenn auch auf Anregung von Seiten der Wirtschaft, erfunden hat, ist die Gesellschaft mit beschränkter Haftung[12]. Und sie ist leider die einzige wirklich schlechte Gesellschaftsform: eine wahre Spottgeburt von nicht zu Ende gedachten Gedankengängen. Leitend war der Gedanke: die „Wohltat der Haftungsbeschränkung" müsse recht weiten Kreisen der Wirtschaft zugänglich gemacht werden. Diese Wohltat der Haftungsbeschränkung ist aber bei näherem Besehen die – hiermit staatlich anerkannte und geschaffene – Möglichkeit für den Kreditnehmer, sein Geschäftsrisiko auf seine Gläubiger abzuwälzen. So das staatliche Recht. Und was tat die Wirtschaft?: Feste Praxis aller irgend rationell arbeitenden Kreditgeber Mitteleuropas ist seit langem: keiner G.m.b.H. wird Kredit gewährt anders als gegen die Uebernahme persönlicher Bürgschaft durch die Gesellschafter. Damit ist unbestreitbar jener Gedanke des staatlichen Gesetzgebers durchkreuzt, denn es gibt ja nun keine G.m.b.H. mehr mit wirklicher Haftungsbeschränkung. Aber die Wirtschaft, welche sich gegen jenen Ungedanken zur Wehr setzte, handelte gesund und aus besserer Einsicht in das, was wirtschaftlich richtig ist.

Ein anderes Beispiel möchte ich dem Gebiete des Lieferungsgeschäftes entnehmen, also des Kaufvertrages über nur der Gattung nach bestimmte, künftig zu liefernde Ware[13]. Das besondere rechtspolitische Problem, welches ich im Auge habe, ist dieses: Sinkt zwischen Abschluß des Vertrages und dem vereinbarten Liefertermin der Marktpreis der betr. Ware, so ruht also für den Käufer ein Verlust auf dem Vertrage. Diesen Verlust kann er nur so von sich abwälzen, daß er die ordnungsgemäßige Abwicklung des Vertrages irgendwie verhindert. Er sucht also – menschlich begreiflich, ja sogar geschäftlich richtig – nach [21] Rechtsbehelfen, welche ihm dies ermöglichen. Dieses Streben des konjunkturenttäuschten Käufers nenne ich der Kürze halber Konjunkturmotiv. Dieses Motiv bildet namentlich im Rohstoffhandel mit seinen starken Marktschwankungen einen der stärksten Faktoren des Rechtslebens. Die Frage, welche ich stelle, ist diese: Was haben diesem Konjunkturmotiv gegenüber einerseits das staatliche Recht, andererseits die Geschäftsbedingungen des Rohstoffhandels rechtspolitisch geleistet? Und zwar will ich dies fragen im Rahmen der Eigenschaftshaftung des Verkäufers. Diese Eigenschaftshaftung des Verkäufers im Lieferungsgeschäft ist zum geringsten Teil von den Juristen erdacht worden: Als dieser Geschäftstypus zuerst als Massenerscheinung vor die staatlichen Gerichte trat – um den Beginn des 19. Jahrhunderts herum –, waren die wesentlichen Züge dieser Eigenschaftshaftung bereits festgelegt, nämlich in den kaufmännischen Handelsbräuchen, also durch selbstgeschaffenes Recht der Wirtschaft. Für den Fall der Lieferung minderwertiger Ware gab es schon damals die Regel, daß der Käufer, wenn er rechtzeitig gerügt hatte, die Ware zurückgeben oder Minderung des Preises verlangen durfte. Hiermit reichten die Juristen, die staatliche Rechtsprechung, bis in die 70er Jahre des 19. Jahrhunderts aus. Kam es zum Streit über die Eigenschaftshaftung des Gattungsverkäufers, so war es bis dahin immer der gleiche Prozeßtyp: [22] der Käufer verweigert die Bezahlung der gelieferten Ware, weil sie vertragswidrig sei und weil er rechtzeitig gerügt habe; der Verkäufer bestreitet beides und klagt auf Zahlung. Für die Entscheidung dieses Streites kam die Rechtssprechung mit den Grundsätzen der kaufmännischen Ueberlieferung aus. Anders wurde es Ende der 70er Jahre. Damals erschien unter der Einwirkung einer offensichtlich erheblichen markttechnischen Umwälzung ein ganz neuer Prozeßtyp: der Käufer weist die gelieferte vertragswidrige Ware zurück, und – das Neue – der Verkäufer bietet Ersatzlieferung an, der Käufer weist auch diese zurück. Der Streit geht jetzt um die Frage: Hat der Verkäufer ein Recht zu solcher Ersatzlieferung, muß der Käufer sie annehmen, oder kann der Käufer auf Grund der ersten mangelhaften Lieferung sich vom Vertrage lossagen? Und damit trat das Konjunkturmotiv in diesem Gebiete auf: Denn daß bei solcher Sachlagerung der Käufer so stark an der Lossagung vom Vertrage interessiert ist, kommt praktisch fast ausnahmslos nur dann vor, wenn seit Vertragsschluß der Markt gefallen ist. M. a. W., er möchte diesen an sich harmlosen und wiedergutzumachenden Verstoß des Verkäufers dazu ausnutzen, um sich von dem durch Marktänderung für ihn lästig gewordenen Vertrage loszusagen. Dieser einzigen neuen Frage, welche der Gattungskauf im 19. Jahrhundert aufwarf und welcher gegenüber die Juristen allein auf ihren rechtspolitischen Instinkt angewiesen waren, entschied sich das Reichsgericht für die unbeschränkte Bejahung solchen Lossagungsrechtes. Leider war dies die rechtspolitisch falsche Lösung. Noch schlimmer, daß sie dann im § 480 BGB zum Gesetz erhoben wurde, und am schlimmsten, daß sich bis heute keine Stimme der grundsätzlichen Kritik an so verfehlter Regelung erhoben hat. Im Gegenteil: Es wird wiederholt zum Ausdruck gebracht, daß gerade diese Möglichkeit für den Käufer, sich billiger einzudecken, ein besonderer Vorteil dieses Lossagungsrechtes sei. – Seitdem ist die Gestaltung des Kaufrechtes dem Staate von der Wirtschaft wieder abgenommen worden. Gerade der Rohstoffhandel hat ungeheure rechtsbildende Tätigkeit entfaltet. Und was ist dabei zu unserer Frage geschehen?: Einer der Grundzüge dieser in- und ausländischen Bedingungen des Rohstoffhandels ist die Tendenz: Abwehr des Konjunkturmotivs. Wohl die [23] schönste Auswirkung dieses Zweckgedankens ist das vom englischen Handel stammende und im Baumwoll-, Zucker- und anderen Handelszweigen weit verbreitete Institut der Rückverrechnung zum Tagespreis: Liefert der Verkäufer minderwertige, nicht abnahmepflichtige Ware und kommt Ersatzlieferung nicht in Betracht, so hat der Käufer die gelieferte Ware dem Verkäufer zum Tagespreis zurückzuverrechnen, gewissermaßen zurückzuverkaufen. Ist also zum Preise von 100 verkauft und ist der Tagespreis am Lieferungstage auf 80 gefallen, dann hat der Käufer an den Verkäufer den vereinbarten Preis von 100 zu zahlen und hat ihm außerdem die Ware gegen Zahlung des Tagespreises von 80 zurückzuliefern. Der Verkäufer bekommt also die Ware zurück und der Käufer hat ihm obendrein noch 20 zu zahlen. Das erscheint zunächst befremdlich, es gehört aber in Wahrheit zu den weisesten und fairsten Rechtsgedanken, die auf dem Gebiete des Handels je gedacht sind. Denn dadurch wird das Konjunkturmotiv auf die gründlichste Art aus der Vertragsabwicklung ausgeschaltet. Kein Rechtsbehelf kann von dem Käufer dazu benutzt werden, den aus dem Vertrage auf ihm liegenden Verlust abzuwälzen. Dieses Motiv wird also für ihn ausgeschaltet, und es ist damit sichergestellt, daß die Rechtsbehelfe von den Parteien nur aus sachlichen Motiven geltend gemacht werden, d. h. im Dienst solcher Interessen, zu deren Wahrung der jeweilige Rechtsbehelf der Parteien von der Rechtsordnung zur Verfügung gestellt ist. Die Harmonie zwischen dem Zweckgedanken der abstrakten Rechtsnorm und dem Motiv der konkreten Berufung auf die Rechtsnorm ist damit erreicht. Die Größe dieser rechtspolitischen Leistung wird jeder anerkennen müssen, welcher das Rechtsleben kennt und weiß, wie trübe es sonst in dieser Beziehung aussieht, wie das Rechtsleben darunter leidet, daß subjektive Rechte in den Dienst von [24] Interessen gestellt werden, zu deren Schutz sie von der Rechtsordnung gewiß nicht gegeben sind.

Nun ist diese Rückverrechnung zum Tagespreis zu sehr in den Besonderheiten des Rohstoffhandels verwurzelt, als daß sie in das allgemeine Kaufrecht übertragen werden könnte. Aus diesem Vorsprung des autonomen Rechtes kann also der staatlichen Regelung ein Vorwurf nicht gemacht werden. Anders aber steht es mit der Frage, die wir Juristen so schlecht gelöst haben, der Frage nach dem Recht des Verkäufers zur Ersatzlieferung. Mit größter Entschiedenheit ist der Rohstoffhandel hier von der staatlichen Regelung abgerückt. Man darf sagen: fast überall, wo die Ersatzlieferung praktisch in Betracht kommt, da erkennen die Bedingungen des mitteleuropäischen Rohstoffhandels dem Verkäufer das Recht zur Ersatzlieferung zu. Das Lossagungsrecht, welches das staatliche Recht in dem Wandlungsrecht des § 480 BGB. dem Käufer gewährt, ist mit wenigen Ausnahmen abgeschafft. Die Deutschen Getreide-Einheitsbedingungen, die Bedingungen des Handels in Berlin, Danzig, Bern, Budapest, Rotterdam, die Bedingungen des Seidenhandels in Zürich, in Lyon, die Bedingungen des Saathandels: überall in überraschender Einheitlichkeit dasselbe Bild, und überall liegt unverkennbar und oft ausgesprochen der Gedanke zugrunde: Wenn nach Zurückweisung minderwertiger Lieferung dem Käufer innerhalb der vereinbarten Lieferfrist eine Ersatzlieferung angeboten wird, so bekommt er das, was er nach dem Vertrage zu bekommen hat. Kein schutzwürdiges Interesse des

Käufers rechtfertigt es, wenn er sich auf Grund der ersten Lieferung vom Vertrage lossagen möchte. Einziges Motiv hierzu kann nur sein, daß der Markt seit Abschluß gefallen ist und der Käufer den Fehler des Verkäufers dazu ausnutzen möchte, sich von dem lästig gewordenen Vertrag loszusagen. Dem soll entgegengewirkt werden. Das ist [25] der Zweckgedanke dieser dem staatlichen Recht bewußt widersprechenden autonomen Regelung. Eine selbständige rechtspolitische Leistung des Rohstoffhandels, mit welcher er der gestellten Aufgabe ganz entscheidend besser gerecht wird als die staatliche Regelung. Die Ursache für diese Unterlegenheit der Juristen liegt weniger im Mangel an rechtspolitischem Instinkt als in der Tatsache, daß durch die Mauer der Schutzklausel der Jurist vom Leben des Rohstoffhandels abgedrängt ist und so das Wissen um die Tatsachen und Bedürfnisse dieses Lebens verloren hat.

Ich komme jetzt zu den Schlußfolgerungen. Meine Beispiele habe ich Ihnen ausgewählt in dem Bestreben, Ihnen ein Bild von dem Sachverhalt zu geben, welches es Ihnen ermöglicht, das autonome Recht der Wirtschaft gerecht zu beurteilen und zu meinen Ihnen jetzt vorgetragenen praktischen Vorschlägen Stellung zu nehmen.

Das Ziel scheint mir die Ueberwindung dieses Gegensatzes von staatlicher Rechtsordnung und selbstgeschaffenem Recht der Wirtschaft.

Dabei stelle ich die Forderung voran: das staatliche Recht muß immer das rechtspolitisch Mustergültige darstellen; es darf nicht sein, daß die Wirtschaft hier den Staat beschämt. Wo also das autonome Recht abweicht, haben wir sehr ernsthaft zu prüfen, welche der Lösungen die weisere und zweckmäßigere ist.

Andererseits aber kann ein Willkürrecht von Unternehmern und Unternehmerverbänden nicht geduldet werden. Es ist vom Standpunkt der richtigen Einsicht in die Interessen der Wirtschaft und vom Standpunkt des Staatslebens aus nicht tragbar. Ich würde es aber nicht für zweckmäßig halten, die Allgemeinen Geschäftsbedingungen zu verbieten – denn die Ergänzung der staatlichen Rege- [26]lung für die einzelnen Geschäftszweige ist zu billigen – oder sie durch staatliches Gesetz zu ersetzen – denn die Allgemeine Geschäftsbedingung hat den Vorzug größerer Elastizität. Vielmehr ist nach meiner Ueberzeugung das einzige Mittel, welches hier zur Zeit gut und auch praktisch aussichtsreich ist: Der Staat nimmt die Allgemeine Geschäftbedingung unter seine Kontrolle.

Eingriffe in die Wirtschaft? Diesem etwa erhobenen Einwande gegenüber bitte ich zu bedenken, daß ja nicht Preise oder Löhne vom Staate aus geregelt werden sollen, sondern nichts anderes als dies: dafür zu sorgen, daß die vom Staat auf Grund sorgfältiger Interessenabwägung aufgestellten Rechtsnormen künftig nicht mehr für die einzelnen Wirtschaftsgebiete von der Wirtschaft anders als aus wirklich zwingenden, guten Gründen abgeschafft werden können. Um klarzustellen, daß ich nicht etwa nur an die Beseitigung sog. sittenwidriger Klauseln denke, nenne ich zu den aus meinen Darlegungen schon ersichtlichen Beispielen als weiteres Stück solchen auszurottenden Willkürrechts die Erfüllungsortklausel als Gerichtsstandverschiebung: sie ist immer eine willkürliche Abweichung vom staatlichen Recht und kann daher nicht geduldet werden. Mir scheint: solche „Eingriffe" sollte ein seiner Verantwortung bewußter Staat wagen.

Wird auf solche Weise dafür Gewähr geschaffen, daß die Allgemeinen Geschäftsbedingungen richtiges Recht enthalten, so darf und sollte andererseits diesem so bereinigten selbstgeschaffenen Recht der Wirtschaft vom Staate aus zu stärkerer Geltung verholfen werden, es sollte in seiner Geltung für den Einzelvertrag vom Parteiwillen unabhängig gemacht werden – nach dem Muster der arbeitsrechtlichen Allgemeinverbindlichkeitserklärung des Tarifvertrages. Zahllose Streitigkeiten und Unklarheiten könnten beseitigt werden.

[27] Schon längst werden viele von Ihnen mich gefragt haben, was ich für die Erfüllung dieser Wünsche vom neuen deutschen Staate erwarte. Auf diese Frage will ich Ihnen die denkbar aufrichtigste und deutlichste Antwort geben: Alles! Alles erwarte ich in dieser Beziehung vom neuen Deutschland. Denn seit der Staatsumwälzung sind zwei Bedingungen geschaffen, ohne welche allerdings meine Vorschläge nutzlose Selbstgespräche und daher auch nicht von mir gestellt worden wären:

Der Staat hat wieder die Macht, seinen Willen durchzusetzen. Er steht der Wirtschaft gegenüber frei. Niemals hatte diese weniger Möglichkeit, den staatlichen Willen zu durchkreuzen. Gerade die für die autonome Rechtsbildung so wichtigen Verbände sind heute ausnahmslos in der Hand des Staates.

Und zweitens: Die Männer, welche dies erreicht haben, zeigen sich von dem Willen beseelt, dem deutschen Volke die gerechte Lebensordnung zu verschaffen, nach welcher es verlangt. Die Führer werden sicherlich erkennen, daß von diesem Leitgedanken aus auch das autonome Recht der Wirtschaft, die Welt der Allgemeinen Geschäftsbedingungen der Säuberung dringend bedarf.

Kommilitonen! Zu diesem Werk bedarf der Staat eines Juristenstandes, der, gleichgültig wo er tätig ist, als Richter, Rechtsanwalt, Rechtsberater der

Wirtschaft oder Hochschullehrer, überall von dem Gedanken beseelt ist, daß der Gesamtheit eine gerechte und weise Rechtsordnung, vor allem: die Autorität des staatlichen Rechts notwendig ist. Ich möchte darüber keinen Zweifel lassen, daß m. E. dazu an allen Stellen noch vieles sich ändern muß. Die Anerkennung der übergabelosen Sicherungsübereignung durch die Gerichte verträgt sich mit diesem Ziel so wenig wie etwa die laxe Ehescheidungspraxis norddeutscher [28] großstädtischer Gerichte. Und lassen Sie mich in diesem Kreise aussprechen: Auch von Seiten der Wissenschaft müßte eine gewisse Umstellung erfolgen. Sie müßte sich noch mehr als bisher der Erforschung des Rechtslebens und der Rechtspolitik zuwenden. In der wirtschaftsrechtlichen Literatur steht die unabhängige, nur dem Rechtsgedanken dienende Wissenschaft heute beiseite. Daran können auch so leuchtende Ausnahmen wie vor allem Arthur Nußbaum wenig ändern, denn hier bedarf es einer ganzen Front von Kämpfern! Die Diskussion des Deutschen Juristentages war bisher überall dort, wo es sich um wirtschaftlich wichtige Probleme handelt, von Interessenvertretern beherrscht[14]. Es ist schon so weit gekommen, daß die „Wirtschaft" hier durch den Mund ihrer Geschäftsjuristen den Willen geäußert hat, an der staatlichen höchsten Rechtsprechung teilzunehmen – zunächst durch Zulassung der Wirtschaftsverbände als Nebenintervenienten und durch Aufstellung einer Liste von der Wirtschaft genehmen Laienreichsrichtern[15]! Ganz zu schweigen ist dabei von solchen Gremien wie jener Kommission gegen die Reform des Aktienrechts, mit welcher der Deutsche Juristentag seinen Beitrag zur Verhinderung jeder Reinigung dieses Rechtsgebietes stellte. Die Beteiligung an solchem Kampf um das Recht, verbunden mit der notwendigen Unsumme von mühseligen Vorarbeiten, ist eine bescheidenere Arbeit als die Pflege der Rechtsphilosophie, -geschichte und -dogmatik, aber sie ist darum nicht weniger notwendig. Und der Rechtsunterricht? Man hat uns Hochschullehrern den Vorwurf der einseitigen Pflege der intellektuellen Seite des Rechts gemacht. Dieser Vorwurf ist nicht angenehm zu hören, aber ernsthaft zu prüfen. Vielleicht haben wir wirklich über der Freude an der verstandesmäßigen Durchdringung des Stoffes das Grundsätzlichste zu wenig gepflegt: den Dienst am Recht.

[29] Kommilitonen! Versagen wir uns nicht dieser schönsten Aufgabe unseres Berufes! Unser aller heißer Wunsch ist, Sie möchten bei uns heranwachsen zu treuen, opferbereiten Soldaten des Rechtsgedankens, das Gedankens eines starken, gerechten, deutschen Volksrechts!

[30] Anmerkungen.

[1] Zum Folgenden s. mein „Recht des Ueberseekaufs" I (1930) S. 69 ff. Ferner G. Löning, Mitt. d. Jenaer Inst. f. Wirtschaftsrecht, H. 20, Okt. 1930, S. 13 ff., mit dem ich in allem Sachlichen übereinstimme.

[2] Dagegen G. Löning, a. a. O., auf dessen Bedenken der folgende Text die Antwort darstellt.

[3] S. dazu meine hoffentlich demnächst erscheinende Abhandlung über die „Vertragswidrige Andienung", I. Abschnitt I, 3 a; ferner die verdienstvolle Schrift von O. Heidland, Die Praxis der (industriellen) Verkaufs- und Einkaufsbedingungen (1929) S. 23.

[4] Zum Folgenden vgl. meine Anm. 3 erwähnte Abhandlung, I. Abschnitt I, 3 b zu Anm. 200.

[5] RG. 103, 77.

[6] RG. 126, 348 ff.

[7] Dresdner Bank.

[8] Arwed Koch, welcher das Bankgeschäftliche Formularbuch (vom Centralverband ausschließlich seinen Mitgliedern zur Verfügung gestellt) „mit Unterstützung" dieses Centralverbandes bearbeitet, in seinem Buche über „die Allgemeinen Geschäftsbedingungen der Banken" (1932) S. 167.

[9] Die folgd. Ausführungen berühren sich stark mit den mir nach Fertigstellung dieses Vortrages bekannt gewordenen Gedankengängen des z. Zt. im Druck befindlichen Buches von Franz Böhm, Wettbewerb und Monopolkampf, wo für die Abgrenzung des rechtlich zulässigen Wettbewerbs davon ausgegangen wird, daß der liberale Gesetzgeber die Gewerbefreiheit und den freien Wettbewerb nur zugelassen habe von der Voraussetzung aus, daß bei diesem Wettbewerb nur die ehrliche und echte wirtschaftliche Leistungsfähigkeit eingesetzt werde – wovon unsere kartell- und monopoldurchsetzte Wirklichkeit erheblich abweicht.

[10] Zum Folgenden vgl. meine Ausführungen in Zbl. f. jur. Praxis 1932, 29.

[11] IV. Deutscher Juristentag in der Tschechoslowakei, Verh. S. 59.

[12] Zum Folgenden beziehe ich mich auf mein dem IV. Deutschen Juristentag in der Tschechoslowakei 1931 erstattetes Gut- [31]achten über die Reform des Gesetzes betr. die G.m.b.H. (Gutachten S. 165 ff., insb. S. 235 ff.).

[13] Zum Folgenden verweise ich im Einzelnen auf meine Anm. 3 erwähnte Abhandlung.

[14] Das wurde auf dem Lübecker Juristentag schließlich einmal ausgesprochen (Verh. 534 ff.), in wohltuendem Gegensatz zu den ebenso volltönenden wie ekelerregenden Phrasen, mit denen auf diesen Tagungen immer der Dienst an der hehren Göttin Justitia als das einzige Motiv hingestellt wird, aus welchem – die Interessenten ihre Geschäftsjuristen auf den Juristentag entsenden! Sehr eindrucksvoll das Mißgeschick, welches in diesem Zusammenhang der Vorsitzende der betr. Abteilung erlitt, als er jenes Aussprechen eines offenen Geheimnisses zurückwies – und prompt gerade aus den Kreisen derer desavouiert wurde, welche er soeben als Gralshüter des Rechtsgedankens hingestellt hatte (Verh. 535)!

[15] Verh. 566 ff., insbes. 583 f.; s. dazu die von mir geäußerten Bedenken ebenda 618 ff., insbes. 619. – Bemerkt sei noch, daß diese Einflußnahme der Wirtschaftsverbände dort vor allem gefordert wurde von dem Geschäftsführer desselben Centralverbandes des

Bank- und Bankiergewerbes, von dessen rechtspolitischen Taten ich oben einiges berichtet habe, Taten, welche die Berufung gerade dieses Verbandes zur Mitwirkung an der staatlichen Rechtsprechung in zweifelhaftem Lichte erscheinen lassen!

Hans Großmann-Doerth in Briefen

Editorische Vorbemerkung

Die nachfolgend unter I, II und IV abgedruckten Briefe haben die Nachfahren von Hans Großmann-Doerth, nämlich Frau Susanne Sick und Dr. Ulrich Großmann-Doerth aus dem Nachlaß ihres Vaters zur Verfügung gestellt. Der Brief an Adolf Lampe (unten III) stammt aus dem Archiv für Christlich-Demokratische Politik (ACDP) Sankt Augustin.

Zu I: Bei dem Adressaten mit Vornamen *Werner* handelt es sich offenbar um einen Freund Hans Großmann-Doerths. Der Nachname soll „Pohl" sein. Näheres ist den Nachfahren aber nicht erinnerlich. Recherchen über eine Person namens Werner Pohl blieben ohne klares Ergebnis. Im wissenschaftlichen Schrifttum stößt man zwar auf einen 1908 in Kassel geborenen Träger dieses Namens, der 1933 mit einer Arbeit über „Die Bündische Jugend. Eine erziehungswissenschaftliche Betrachtung" in Jena zum Dr. phil. promoviert wurde und auf den sich die im Brief vom 22./23.7.1933 angestellten Erörterungen über die Jugendbewegung beziehen könnten. Nach dem gesamten Kontext ist aber eher zu vermuten, daß es sich bei dem Briefpartner Werner um einen Juristen, wahrscheinlich einen Verwaltungsjuristen, gehandelt hat.

Zu II: Nach der Erinnerung von Ulrich Großmann-Doerth war *Fritz Breuker* einer der Gymnasiallehrer seines Vaters am Altonaer Real-Gymnasium. Obwohl der Adressat als Onkel bezeichnet wird und sich der Briefschreiber Neffe nennt, habe keine verwandtschaftliche Beziehung bestanden, wohl aber ein besonders nahes Verhältnis.

Die unter I und II abgedruckten Briefe werfen Schlaglichter auf Großmann-Doerths kritische Beurteilung der politischen Entwicklung am Ende der Weimarer Republik, auf seine Verwurzelung in der Bündischen Jugend, auf sein Wirken in Prag, auf die Situation an der Universität Freiburg und auf die Einschätzung seiner eigenen Schrift über „Wirtschaftsrecht einschließlich Gewerberecht". Von besonderer Bedeutung ist aber der Brief an den Freund Werner vom 20. März 1943, der sich auf die Auseinandersetzungen bezieht, die Großmann-Doerth mit seinen oben bei *Hollerbach*, S. 35 ff. diskutierten judenkritischen Äußerungen ausgelöst hat. Der Satz „Das Judenabschlachten bleibt Verbrechen und Fehler" läßt sowohl hinsichtlich des Faktums als auch hinsichtlich der moralisch-juridischen und politischen Wertung an Deutlichkeit nichts zu wünschen übrig und ist Beleg dafür, daß man zumindest an der Ostfront genau wußte, wie die Maschinerie der Ausrottung der Juden arbeitete. Auf der anderen Seite offenbart gerade dieser Brief mit der

Betonung der Durchhalteparole und der Notwendigkeit des Sieges den ganzen Zwiespalt, in dem sich ein national gesinnter Offizier in jener Phase des Krieges befand. Zugleich setzt er aber auch den richtigen Akzent, wenn er betont, es komme darauf an, Männer zu haben, „die nachher auch den Frieden gewinnen können".

Zu III: Der Brief ist ein Beleg für den Sachverhalt, der oben bei *Hollerbach*, S. 34 angesprochen wird und die Frühphase der „Freiburger Schule" beleuchtet.

Zu IV: *Curt Rothenberger* (1896-1959), der Adressat dieses Briefes, hat zunächst in der Justiz- und Justizverwaltung seiner Heimatstadt Hamburg Karriere gemacht. Seit 1935 war er Chefpräsident des Hanseatischen Oberlandesgerichts Hamburg. 1942 wurde er Staatssekretär im Reichsjustizministerium unter Minister Otto Thierack und stellvertretender Präsident der Akademie für Deutsches Recht. 1945 wurde Rothenberger in Nürnberg des Verbrechens gegen die Menschlichkeit angeklagt und zu sieben Jahren Gefängnis verurteilt (vgl. DBE 8, 1998, S. 419). Im juristischen Schrifttum ist er insbesondere mit der Schrift „Der deutsche Richter" (Hamburg 1943) hervorgetreten. Rothenberger plädiert hier für eine „Richtererneuerung" im Geiste des Nationalsozialismus und diskutiert auf dieses Ziel hin zahlreiche Fragen der Gerichtsverfassung.

In der Zeitschrift „Deutsches Recht" 1943, S. 2–6, veröffentlichte Rothenberger einen Aufsatz unter dem Titel „Nahziele der Ausbildungsreform". Er beschäftigt sich vornehmlich mit Änderungen und Verbesserungen des juristischen Ausbildungssystems, konzentriert auf die Frage, „wie unsere während der Dauer des Krieges auf Studienurlaub befindlichen Frontkämpfer und wie die bei Kriegsende von der Wehrmacht entlassenen Kameraden am besten zu möglichst bald voll einsatzfähigen Rechtswahrern heranzubilden sind" (S. 2). Zwar wird betont, auch bei abgekürzter Dauer des Studiums müsse die Wissenschaftlichkeit gewährleistet sein (S. 3). Aber Rothenberger bringt Punkt 20 des Parteiprogramms in Erinnerung, wonach die Lehrpläne aller Bildungsanstalten den Erfordernissen des praktischen Lebens anzupassen sind. Die deutlich erkennbare Tendenz, die Beziehung zur Praxis und die Lebensnähe stärker als die Beziehungen zur Theorie zu gewichten, verdichtet sich in der These: „Der Grundunterricht für unsere Kriegsteilnehmer wird daher vor allem in die Hände von Professoren und Dozenten zu legen sein, die nebenamtlich als Richter, Verwaltungsbeamte, Rechtsanwälte usw. tätig sind und aus ihrer ständigen Verbindung zur Praxis ihren Lehrstoff schöpfen können."

Zu diesem Aufsatz hat sich Großmann-Doerth mit dem hier abgedruckten Brief an Rothenberger zu Wort gemeldet, einem Brief, der über das konkrete Sachproblem hinaus dokumentarischen Wert besitzt und zugleich charakteristische Züge seiner Persönlichkeit, insbesondere seinen engagierten Freimut, erkennen läßt.

Der Vorstoß Rothenbergers hat übrigens damals auch bei keinem geringeren als Gustav Radbruch kritischen Widerhall gefunden. In einem Brief an Erik Wolf vom 28. März 1943 dankt er für das erste, Otto von Gierke gewidmete Heft der von

Wolf initiierten neuen Reihe „Deutsches Rechtsdenken" und schreibt dann: „Juristische Klassikerschriften grade dieser Art herauszugeben, war ein unerfüllter Plan meiner jungen Jahre – schön, daß die nächste Generation ihn jetzt verwirklichen kann! Zugleich ist Ihr Unternehmen die richtige Antwort auf die jüngst angekündigten Bestrebungen, das rechtswissenschaftliche Studium zu einer Schulung in der Berufs-Routine durch juristische Praktiker im Nebenamt zu degradieren. Sie zeigen, was die von niemandem außer dem Rechtsgelehrten und Rechtsdenker zu lösende Aufgabe ist – die geistige und charakterliche Grundlage des Juristen-Berufs zu legen". (Gustav Radbruch Gesamtausgabe, hrsg. v. Arthur Kaufmann, Band 18, bearb. v. Günter Spendel, Heidelberg 1995, S. 210).

Auslassungen sind durch eckige Klammern gekennzeichnet. Sie betreffen Sätze und Passagen rein persönlichen Inhalts ohne Relevanz für die in dieser Publikation interessierenden Sachthemen.

Alexander Hollerbach

I. Briefe an Werner

Brief vom 8. Dezember 1931 aus Prag

Lieber Werner,
[...]
Dein Brief ist mir sehr viel im Kopf herumgegangen und wird das vermutlich noch weiter tun. Äußerlich scheint ja alles, namentlich in der Ergänzung durch Deinen heute eingetroffenen Brief glatt zu verlaufen. Für Deine Freude an der Verwaltungsarbeit habe ich *vollstes* Verständnis und bin *sehr* weit davon entfernt, (wie Du vermutest) Deine Entfremdung von der „reinen Wissenschaft" (gemeint wohl: Bücher schreiben?) zu bedauern (an dieser Deiner Vermutung merkt man, wie übrigens noch an mehr, daß die lange Trennung schon begonnen hat, sich in falschen Vorstellungen von einander auszuwirken). Bei Gelegenheit mußt Du mir übrigens wirklich mal erklären, was Du damit meinst: Du habest Dich von der reinen Wissenschaft entfernt. Vielleicht, daß du kein Gewicht darauf legst, die vielen an Dich herantretenden Rechtsfragen *gut* (juristisch einwandfrei) zu beantworten? Das kann ich mir nicht denken. Du scheinst bisher ziemlich rein juristische Tätigkeit zu haben – Dein Ziel ist doch wohl das Hinübergehen in die Verwaltungs-Tätigkeit?

Zur Politik: Was meinst Du mit „Nachkriegsgeneration"? Die nach dem Krieg Geborenen? Kennst Du diese Leute wirklich so gut, die in Berlin, Halle, Wien, München usw. skandalieren? Bist Du vielleicht auch der Ansicht, daß sie aus „reinen und edlen Motiven" handeln? Ich wäre *glücklich*, dies glauben zu können! Ich muß zugeben, daß mich die Entwicklung in Deutschland unsäglich deprimiert: Haß, Neid und vor allem: bis ins Äußerste getriebene Hemmungslosigkeit – das sind so m.E. die Motive und Programme, denen es heute in Deutschland gut geht. Wenn Du schreibst, es werde sich auch im 3. Reich sachlich arbeiten lassen, und das sei das Entscheidende, so ist das einerseits wohl einseitig vom Standpunkt des Verwaltungsmannes gesagt, und andererseits könnte ich mir denken, daß Deine künftigen S.-A.-Vorgesetzten und -Kollegen Dir das „sachliche" Arbeiten (wie *Du* es verstehst) doch schwerer machen könnten, als Du heute hoffst. Aber vor allem genügt *mir* die Möglichkeit sachlicher Verwaltungsarbeit nicht, wenn nebenher Deutschland in eine Kaserne verwandelt wird, welche von allen Nicht-Nationalsozialisten als Zuchthaus empfunden werden müßte. Aber es ist natürlich schwer, hierüber in kurzem Brief zu reden.

Uns geht es hier so gut wie überhaupt – fast – denkbar. Unsere neue Behausung ist in beinahe jeder Beziehung ideal. Ich habe sehr viel freie Zeit zum wissenschaftlichen Arbeiten und in der Regel auch Lust und Stimmung dazu. Der Universitäts-Betrieb macht mir noch Freude, obwohl ich in meinem Wirken durch die Mangelhaftigkeit des bürgerlich-rechtlichen Unterrichts stark beeinträchtigt bin. Schlimm ist hier nur die Höhe des Einkommens. Und auch abgesehen davon kann ich mir Prag als Dauerzustand nicht vorstellen und finde schon manchmal, es sei an der Zeit, wieder zu wechseln.

Der vorige Winter war *sehr* arbeitsreich (habe ich Dir mein Gutachten zur GmbH-Reform geschickt?[1] Teilweise auch für Dich interessant) und asketisch.
[...]

Brief aus Freiburg vom 22.7.1933

Lieber Werner,

Deine Äußerungen sind mir sehr wertvoll. Die Zersplitterung der Rechtseinheit scheint mir nicht so schlimm, so lange für ein und denselben Wirtschaftszweig im ganzen Reich die Rechtseinheit besteht: warum sollen Grammophone nach demselben Recht verkauft werden wie Ölsardinen? Miete und Pacht sind auch verschieden geregelt, sind aber kaum stärker voneinander unterschieden. Aber Dein Hinweis auf die „Kollisionsnormen" hat mich noch stärker getroffen, mir aber zugleich gezeigt, daß da vom Arbeitsrecht zu lernen ist. Deine Anregung betr. Mietverträge werde ich befolgen. Die Dresdner Bank-Bedingungen habe ich schon, aber noch kein Exemplar mit Randbemerkungen von Dir.

---

[1] Vgl. dazu bei *Hollerbach* oben S. 34 ff. und in der Bibliographie S. 118.

[*Fortsetzung 23.7.33 im Garten des Wirtshauses zur Sonne Neuhäusle bei St. Märgen*]

[...]
Dein Romantikertum ist mir nicht ohne weiteres verständlich. Deine Mitarbeit ist doch so nötig wie nur je! Und Du arbeitest doch auch tatsächlich mit! Ich denke mir: so ähnlich wie ich (siehe Antrittsvorlesung). Also?? Schreibe mal darüber. Aus dem bedrängenden Vielerlei – bedrängend weil alles sehr tief angeht – meiner Gegenwart sei heute nur folgendes berichtet: Nachdem die ruhige Arbeit hier zunächst gefährdet erschien, sind die maßgeblichen Stellen aus mir nicht bekannten Gründen auf einen mir verständlicheren Standpunkt zurückgekehrt, und der Wehrsport[2] (mir als ehemaligem Soldaten liegt der Ausdruck „Wehrdienst" mehr) ist jetzt so in den allgemeinen Betrieb eingebaut, daß er die wissenschaftliche Arbeit der großen Mehrheit der Studenten nicht beeinträchtigt. Ich persönlich glaube ja, daß eine reinliche Trennung (Wehrjahr) auf die Dauer unvermeidlich ist. Die andere Aufgabe: den Elan, welcher uns jetzt ergriffen hat, auch für die eigentliche Hochschularbeit auszunutzen, beschäftigt uns stärker. Zu meiner Freude habe ich durch meine Antrittsvorlesung das besondere Vertrauen unseres Rektors (Heidegger) erworben, welcher mit Achtung gebietendem Ernst an die neuen Aufgaben (theoretisch sind sie nicht alle neu) herangeht, aber aus nicht näher zu erörternden Gründen recht einsam ist. Ich bemühe mich z. Zt. sehr stark um Vermittlung. Vor einigen Tagen war ich (mit Rektor und mehreren Kollegen) zu Gast bei der Großdeutschen Studentengilde „Balmung"[3]. Blonde, blauäugige, harmlose, kindliche Jungens, aber ich hatte nicht nur Sympathie, sondern auch Achtung vor ihrem Wollen. Der Sprecher des Abends sprach mit einer erfreulichen Offenheit, z.B. darüber daß die jetzige Besetzung der Unterführerstellen natürlich nur provisorischen Charakter haben könne, daß Professoren teilweise verkalkt seien und so.

---

[2] Zu dieser Thematik siehe *Hermann Bach*, Körperliche Wiederaufrüstung: Die Einführung des Pflichtsports für Studenten, in: Die Freiburger Universität in der Zeit des Nationalsozialismus, hersg. V. Eckhard John, Bernd Martin, Marc Mück, Hugo Ott. Freiburg 1991, S. 57–71, ferner oben bei *Hollerbach*, S. 25.

[3] „Balmung" ist in der germanischen Sage der Name für das Schwert Siegfrieds. (Bei der Entzifferung im Manuskript hat mich Dieter Speck dankenswerterweise auf die richtige Spur gebracht). Näherer Aufschluß über die sich so bezeichnende Vereinigung konnte nicht gewonnen werden, da die betreffenden Akten des Universitätsarchivs derzeit vermißt werden. Bei *Geoffrey J. Giles*, „Die Fahne hoch, die Reihen dicht geschlossen". Die Studenten als Verfechter einer völkischen Universität?, in: Die Freiburger Universität in der Zeit des Nationalsozialismus (wie Anm. [2]), S. 43–45, findet sich kein Hinweis, auch nicht bei *Wolfgang Kreutzberger*, Studenten und Politik 1918-1933. Der Fall Freiburg im Breisgau, Göttingen 1972, auch wenn dort (S. 101 ff.) immerhin von der „Großdeutschen Studentengemeinschaft" die Rede ist.

Recht gut erschien mir der Vergleich, den er mit der Vorkriegsjugendbewegung zog: der bündische Mensch von heute sei politisch. Das waren wir in der Tat nicht. Über andere Dinge freilich haben wir nun wieder uns mehr Gedanken gemacht und dürften darüber auch klarer gedacht haben. Im übrigen habe ich bei der Aussprache einiges von *meiner* Jugendbewegung (von der Vorkriegszeit) gesagt: daß diese „romantische" und „verworren individualistische" Jugend dieselbe sei, die heute in den Langemarck-Feiern so viel beredet werde und sich dagegen leider nicht wehren könne, daß wir das Wort Vaterlandsliebe zwar niemals ausgesprochen hätten, aber bei Kriegsausbruch keine ruhige Minute gehabt hätten, als bis man uns endlich „genommen" hätte. Die Gildenbrüder wünschen mit „Erwachsenen" zu sprechen. Einen von ihnen habe ich für die Ferien an Dich verwiesen: sei recht nett zu ihm. Sie sind in schwieriger Lage. Sie hatten sich – größtenteils seit Jahren schon bei der S.-A. – die Revolution anders vorgestellt, scheint mir.

Noch eines: Man verlangt Themen für Dissertationen über Arbeitsrecht. Ich habe keine, da mir die Materie z. Zt. fern liegt. Hast *Du* solche? Eine Dame erwartet das Thema: „Das *tatsächliche* Arbeitsverhältnis". Geeignet? Wenn es Dir keine erhebliche Mühe macht, schreib bitte mal darüber.

Meinen Dank an Frau Kaskel[4] werde ich in den nächsten Tagen gesondert aussprechen.

[...]

Brief vom 27. März 1934

Lieber Werner,

[...]

Alles Wesentliche von mir hast Du bereits in der Hand. Einen weiteren Vortrag zum selben Gegenstand habe ich noch hinterher in Heidelberg gehalten. Zur Zeit sitze ich an einigen kleineren Änderungen an einer Schrift über die Rechtsfolgen vertragswidriger Andienung[5] – sie ist zwar schon längst fertig, aber heute, wo der Drucker sie haben will, kann ich mich doch nicht von ihr trennen, ohne noch etwas zu „verbessern". Im übrigen habe ich gut die Hälfte der „Ferien" mit Examen zu verbringen, zuerst über vierzehn Tage mit dem Durchsehen von 150 Klausurarbeiten und vom 4. bis ca. 14. April mit dem mündlichen Examen in Karlsruhe. Natürlich hat schon wieder das erste Jahr hier dazu gelangt, um mir den denkbar schlechtesten Ruf als Examinator zu verschaffen! Vom Durchlesen der Arbeiten bin ich ganz melancholisch geworden. Wir erreichen doch furchtbar wenig, selbst

---

[4] Es dürfte sich um die Witwe von Walter Kaskel (1882-1928) handeln, einem Pionier der deutschen Arbeitsrechtswissenschaft. Kaskel war Jude. Über ihn siehe *Florian Tennstedt*, NDB 11 (1977) S. 318 f., ferner DBE 5 (1997) S. 458.

[5] Siehe dazu in der Bibliographie S. 118.

abgezogen die Tatsache, daß die Studenten ja keineswegs alles ausnutzen, was wir ihnen bieten.

[...]

Das Semester war recht unerfreulich in seiner der Arbeit so abträglichen Unruhe. Ich stehe übrigens angeblich auf der Liste für die Neubesetzung des handelsrechtlichen Lehrstuhles an der Handelshochschule Berlin, aber ich bin zu wenig prozentig, glaube ich, oder gelte doch bei den 150ern als zu wenig prozentig. Es wäre aus manchen Gründen sehr schön. Vor allem kommt man in meiner Branche sachlich vorwärts nur in Berlin.

[...]

Brief vom 29. Mai 1936

Lieber Werner,

eine geschäftliche, aber um so dringendere Anfrage: Wir müssen am 1.X. schon wieder umziehen. Andererseits möchten Inge und ich mal vierzehn Tage lang als kinderloses Ehepaar am Bodensee [...] zubringen. Dazu müssen wir wissen, ob wir zu alledem Geld haben. Die uns bekannte Größe in dieser Beziehung ist das Sammelwerk „Die Verwaltungs-Akademie" und das daran sich anschließende Sammelwerk für alle Volksgenossen[6]. Kannst du folgendes feststellen?:

1. Ist die zweite Auflage schon im Druck oder wie sonst steht es mit ihr bzw. wann kann ich mit dem Honorar für diese zweite Auflage rechnen?
2. Ist das Sammelwerk für alle Volksgenossen schon im Druck bzw. wann ist mit ihm zu rechnen?
3. Steht es eisern fest, daß mir mein unbestellter dritter Bogen nicht vergütet wird, obwohl ich doch wirklich in Anspruch nehmen kann, daß ich kein Wort zu viel geschrieben habe und alles mit mühsam erarbeiteten konkreten und wissenswerten Tatsachen vollgepackt habe?

Soweit meine Fragen. Ich wäre Dir für schleunigste Antwort besonders dankbar, mindestens zu Fragen eins und zwei – Frage drei bedarf vielleicht diplomatischer Behandlung –, denn es hängen daran unzählige andere Ferienschicksale [...]

Was sagst du zu meinem Beitrage? Ich finde ihn nicht schlecht! Ich finde ihn so wenig schlecht, daß ich dem Verlage vorgeschlagen habe, er solle ihn, um einiges

---

[6] Das Sammelwerk „Die Verwaltungs-Akademie", in einer ersten Ausgabe 1934 im Industrieverlag Spaeth und Linde, Berlin W 35, erschienen, nannte sich im Untertitel „Ein Handbuch für den Beamten im nationalsozialistischen Staat". Eine zweite Ausgabe, im gleichen Verlag ab 1936 erschienen, nannte sich – ohne den bisherigen Untertitel – „Grundlagen, Aufbau und Wirtschaftsordnung des nationalsozialistischen Staates". Vgl. dazu oben auch bei *Hollerbach*, S. 34 ff.

ergänzt, als Grundriß für die Studenten herausgeben, da es z. Zt. an *jeder* Darstellung fehle, sogar einer veralteten. Dabei gehört das Gebiet nach der Studienordnung zu den Hauptvorlesungen[7]. Und was schreiben sie postwendend zurück? Sie hätten mit den von ihnen herausgegebenen Sonderabdrücken aus diesem Sammelwerk so schlechte Erfahrungen gemacht, daß nicht einmal die Kosten der Herstellung der Sonderabdrücke herausgekommen seien!!! Ich wurde schamrot bei dem Gedanken an den Mist, mit dem zusammen mein anständiger Beitrag jetzt erschienen ist! Ich kann es niemandem verdenken, wenn er sein gutes Geld nicht für so schlechte Ware (mit Ausnahmen) ausgeben will. Dazu kommt natürlich, daß es über viele Dinge wie z.B. die Geschichte der NSDAP schon sehr viele solche Darstellungen gibt. Aber wer mir leid tut, sind die Beamten, die dergleichen unbesehen kaufen, vielleicht sogar kaufen müssen? Etwas kaufen, was kein Mensch nach Prüfung kaufen mag.
Sie haben mir erlaubt, mich mit dem Beitrag an einen anderen Verlag zu wenden und das werde ich tun. Sie meinten übrigens, daß ich u.U. die Erlaubnis auch der Herausgeber einzuholen hätte, was ich gern tun will. Die werden doch nichts dagegen haben?
Auch sonst geht es gut. Ich erhole mich planmäßig von den pausenlosen Anstrengungen des verflossenen Jahres und faulenze mit bestem Gewissen. [...]

Brief vom 14. September 1937

Lieber Werner,
[...]
Wegen der Zusendung des Böhm'schen Buches[8] möchte ich erst mit Eucken sprechen. Vielleicht ist es richtiger, daß wir Dir ein weiteres Exemplar zur Verfügung stellen und Du es dem Herrn Landrat übergibst. Ich möchte gern Euckens Antwort abwarten. Jedenfalls würde ich mich freuen, ihn mal sprechen zu können. Ich habe Böhm, der kurze Zeit hier war, Deinen Brief vorgelesen und er hat sich ebenso wie ich sehr gefreut. Gerade Leute wie Dich zu überzeugen ist ja unser Ziel. Denn ihr könnt in gewissem Grade die Gedanken unmittelbar in die Praxis umsetzen, ohne große theoretische Ausführungen machen zu müssen. Ich werde Dir gern von einem Schüler berichten, der sogar als Regierungsreferendar in Pommern dazu in gewissem Maße schon in der Lage ist und es auch wirklich tut.

---

[7] Nach § 5 Abs. 1 Nr. 1 der Justizausbildungsordnung vom 22. Juli 1934 (RGBl., S. 727) gehörten „das Recht der Arbeit und die Grundzüge des Rechts der Wirtschaft" zu den Haupt- und Prüfungsfächern.

[8] Die Ordnung der Wirtschaft als geschichtliche Aufgabe und rechtsschöpferische Leistung, Stuttgart 1937. Siehe dazu oben S. 26 ff. u. 35.

Wäre übrigens Hettlage[9] nicht ein Mann, der für dieses grundsätzliche Denken zu gewinnen wäre?
Nächstens kommt eine neue Schrift[10] in unsere Reihe, die ich Dir auch zuschikken werde und die Dir gewiß Freude machen wird.
[...]

Brief vom 19. Juli 1940. Absender: Hauptmann Großmann-Doerth. Inf. Ers. Reg. 205. Mährisch-Weißkirchen

Lieber Werner,

kann es stimmen daß wir uns Herbst 1937 zuletzt gesehen haben? Damals war ich m.E. das letzte Mal auf längere Zeit in Berlin. Inzwischen war ich sogar mehrfach in Berlin – so noch im Februar d.J. als ich vor dem Reichsdienststrafgerichtshof meinen Freund und Kollegen Böhm aus der in Jena vorher verhängten Dienstentfernung in die Amnestie hineinverteidigte[11]. Aber jedesmal langte es nicht einmal zum Anruf. Irgendwann war ich auch in Berlin gelegentlich einer Berufung nach Breslau, ferner mehrmals wegen des GmbH-Ausschusses. [...]

[*Fortsetzung des Briefes am 22. Juli 1940*]

[...]
Was Du zur Gegenwart sagst und über die Zukunft, ist auch meine Anschauung. Nur scheint es mir sehr wichtig, was unsere Kinder mit der von uns erkämpften „Lust und Freiheit“ anfangen. Wo*von* „frei“? Und wo*zu* „frei“? Im übrigen habe auch ich alles Vorhersagen aufgegeben.
[...]

---

[9] Karl Maria Hettlage (1902-1995), 1930 in Köln habilitiert, lehrte als Honorarprofessor in Berlin Finanz- und Steuerrecht. Bis 1938 war er Stadtkämmerer von Berlin. Nach dem Krieg hatte er seit 1953 ein Ordinariat für Öffentliches Recht in Mainz inne, war dann später Staatssekretär im Bundesfinanzministerium. Hinweise bei *Michael Stolleis*, Geschichte des Öffentlichen Rechts in Deutschland, Bd. III, München 1999, S. 260, ferner in DBE (1997) S. 4.

[10] Es handelt sich um die Habilitationsschrift von *Leonhard Miksch*, Wettbewerb als Aufgabe. Siehe dazu Bibliographie S. 119, zu Miksch siehe *Arnold Berndt/Nils Goldschmidt*, „Wettbewerb als Aufgabe“ – Leonhard Mikschs Beitrag zur Ordnungstheorie und -politik, in: ORDO 51 (2000), S. 33–74.

[11] Vgl. dazu oben bei *Hollerbach*, S. 28.

Brief vom 20. März 1943

Lieber Werner,

solche Briefe wie den deinigen vom 26.2. empfängt man gern. Du hast es immer schon verstanden, scharfen kritischen Verstand mit der Kraft und dem Willen, Werte zu sehen und anzuerkennen, miteinander zu verbinden. Ich erinnere mich noch ganz gut, wie Du mir einst von Deinen Bemühungen berichtetest, Prof. K. die damaligen politischen Kräfte etwas positiver ansehen zu lassen. Es ist ja so leicht, die heutige Richtung als Teufelswerk anzusehen. Ich beneide manchen Zeitgenossen um solches Schwarz-Weiß-Bild. Ich bin – wohl wie Du auch zu stark mit dem Willen zur Objektivität und Gerechtigkeit belastet, um dies mitmachen zu können, und verzichte lieber auf die Freundschaft solcher Leute. Dieselben Leute können sich wütend aufregen über meine doch sehr ruhige Bemerkung in der letzten Ausgabe meines Wirtschaftsrechts betr. *besondere* Beteiligung der Juden an der Verwilderung des Wettbewerbs[12], da das nicht nachgewiesen sei, und sind auf der anderen Seite nicht in der Lage, an den Leistungen seit 1933 auch nur das allergeringste Positive zu entdecken! Dieselben Leute bringen es fertig, auf der einen Seite Friedrich den Großen und andere unbestreitbare „Aggressoren" der deutschen Vergangenheit zu verhimmeln und auf der anderen Seite haarklein nachzuweisen, daß wir den Krieg mit Polen, Norwegen, Holland/Belgien, Rußland usw. nicht hätten vom Zaune brechen dürfen.

Auf der anderen Seite freilich kann ich sehr vieles auch nicht mitmachen. Das Judenabschlachten bleibt Verbrechen und Fehler. Diese und andere Erscheinungen wirken doch sehr stark dem entgegen, was Du der Bewegung als Ansprechen edler Instinkte positiv anrechnest. So kann ich nicht glauben, daß es sich heute um etwas anderes als einen *Wechsel* handelt: dem Wertvollen steht doch zuviel Einbuße an seelischer Kultur gegenüber, was Aufrichtigkeit, menschliche Würde, Achtung vor Menschenleben betrifft. Wenn wertvolle Menschen sehen, daß Lüge, rohe Gewalt und Mord sich durchsetzen, werden sie zu Nihilisten – manche Spur davon habe ich an Studenten schon vor 1933 wahrgenommen.

Daß der Gedanke der Volksgemeinschaft ungeheuer gewachsen ist, erlebe ich ja gerade hier an der Front: nach dreieinhalb Kriegsjahren habe ich noch keinerlei Zersetzungserscheinungen feststellen können. Dieses und die fast unglaubwürdige Selbstverständlichkeit, mit welcher der Deutsche jetzt an der Front seine Pflicht tut, wird man wohl – *nach* der angeborenen soldatischen Begabung und Neigung bei uns wohl unsere stärkste Eigenschaft – der Schulungsleistung seit 1933 zuschreiben müssen.

---

[12] Großmann-Doerth hat hier wahrscheinlich besonders Walter Eucken im Auge. Siehe oben bei *Hollerbach*, S. 36 f.

Und der Krieg jetzt? Selbstverständlich und eisern *müssen* wir ihn gewinnen, weil wir uns weder von Stalin noch Churchill oder gar, am allerschlimmsten, dem Widerling im Weißen Hause Kultur beibringen oder vernichten lassen wollen. Aber was dann? Wo sind bei uns die vielen Männer, die nachher auch den Frieden gewinnen können? Die Gewaltmenschen werden versagen und die Listenreichen ebenfalls.
[...]

II. Brief an Fritz Breuker vom 6. März 1934

Lieber Onkel Fritz!

Nachdem ich Dir immer noch nicht auf Deinen Brief zu meiner Antrittsvorlesung gedankt habe, mich deswegen schon seit längerem vor Dir schäme, danke ich Dir für den neuen Brief besonders herzlich. [...]

Deine Bemerkungen zu meinem Aufsatz[13] sind mir natürlich sehr wichtig. Die lebendige Fühlung mit Menschen der Wirtschaft ist das, was mir in Freiburg am meisten fehlt, nachdem ich davon in Hamburg und Prag doch immer die entscheidenden Anregungen zu meinen Arbeiten empfangen habe. Gewiß habe ich hier mehrere nationalökonomische Kollegen gefunden, mit denen ich ausgezeichnet zusammenarbeiten kann. Leute, die alle irgendwo in der Praxis gestanden haben (Verein der Maschinenbauabteilungen, Textil, Wirtschaftsministerium usw.) und die darüber nicht das harte grundsätzliche Denken vergessen haben, sondern im Gegenteil gesehen haben, wie notwendig dies ist. Aber für eine Mitarbeit an der Neugestaltung des Gesellschaftsrechts brauche ich doch sehr viel mehr Material, als in meinem wenn auch nicht unbeträchtlichen Archiv vorhanden ist und ich brauche die lebendige Beziehung zu den im praktischen Wirtschaftsleben stehenden Menschen.

So freute es mich denn sehr, als ich im Dezember von Berlin aus vertraulich erfuhr, daß der Senat der Handelshochschule Berlin mich für die Neubesetzung des handelsrechtlichen Lehrstuhles vorschlagen werde. Seitdem habe ich nichts wieder davon gehört, denn Preußen läßt alle Berufungsangelegenheiten vorläufig ruhen. Aber auch sonst sind mir große Zweifel gekommen, ob ich unter den jetzigen Umständen für eine Berufung überhaupt in Betracht kommen kann.

---

[13] Vermutlich der Aufsatz „Sinnlos gewordenes liberales Wirtschaftsrecht – Eine Aufgabe nationalsozialistischer Rechtserneuerung“ in der Hanseatischen Rechts- und Gerichtszeitschrift. Siehe in der Bibliographie S. 118.

Deine Befürchtungen betr. Erbhofgesetz[14] teile ich und habe noch andere dazu wie Einkindersystem und die Gefahr, daß bei Vorhandensein von mehreren Kindern der Bauer alles irgend verfügbare Geld für die zweit- und drittgeborenen Kinder zurücklegt, anstatt es in den Hof zu stecken; von solchem Fall habe ich schon gehört (Weingutsbesitzer).

Das am 28.II. abgelaufene Semester war recht unerfreulich. Die Studenten fanden nicht die Ruhe zur Arbeit, trotz vielfach vorhandenen guten Willens. Man will zwar die fachliche Ausbildung nicht verschlechtern, aber man macht den Fehler, zu den vorhandenen Aufgaben noch mehr hinzuzunehmen, wie Wehrsport, politische Schulung, ohne dabei zu berücksichtigen, daß die Aufnahmefähigkeit der Studenten keineswegs größer geworden ist, ja daß sie nicht einmal bereit sind, für das Neue von ihrer privaten Sphäre wie Skilaufen usw. zu opfern, sondern daß alles auf Kosten der wissenschaftlichen Ausbildung geht, welche sich bei alledem ganz zweifellos verschlechtert.

Ich persönlich erlebe hier im übrigen genau dieselben Schwierigkeiten wie in Prag: Die Leute finden, daß ich zu schwer sei, und auf die Nachricht hin, daß ich an dem Frühjahrsexamen in Karlsruhe teilnehme, haben sich eine Reihe von hiesigen Studenten, die an sich dazu entschlossen waren, sich zum Examen zu melden, die Sache anders überlegt bzw. haben ihre Meldung wieder rückgängig gemacht.

[...]

Zum Schluß möchte ich wie schon früher die Bitte aussprechen, mir Allgemeine Geschäftsbedingungen namentlich von Verbänden und großen Werken (Henckel z.B.) zuzuschicken, soweit das ohne Mühe möglich ist; gerade im vergangenen Jahr hat sich da ja allerlei geändert.

[...]

---

[14] Reichserbhofgesetz vom 29. September 1933 (RGBl. I, S. 685). Zur Problematik dieses Gesetztes siehe neuestens *Jürgen Weitzel*, Nationalsozialistische Agrarideologie und Landwirtschaftsrecht, in: Dieter Gosewinkel (Hg.), Wirtschaftskontrolle und Recht in der nationalsozialistischen Diktatur, Frankfurt a.M. 2005, S. 157–180.

III. Brief an Adolf Lampe vom 4. April 1935

Betr. Schriftenreihe „Ordnung der Wirtschaft". Ihr Schreiben v. 27.3.1935

Lieber Herr Lampe,

als ich Ihnen kürzlich beim Weggang mit Böhm auf Ihre Frage, ob ich mit Ihrem oben genannten Schreiben einverstanden sei, mit ja antwortete, habe ich im Interesse des gerade hergestellten Friedens bewußt die Unwahrheit gesagt.

Ich kann natürlich nicht bestreiten, dass ich zwischen Ihnen und mir nicht diejenige Übereinstimmung der Anschauungen feststellen kann, die mich mit Eucken und Böhm verbindet und die allein uns auf den Gedanken der gemeinsamen Herausgabe der Schriftenreihe gebracht hat. Insbes. denke ich hier an die Bewertung des Rechtsgedankens gerade vom wirtschaftlichen Standpunkt aus und erinnere Sie an unsere Besprechung auf dem Luginsland am Ende des W.S. Besonders deutlich wurde diese Meinungsverschiedenheit bei Gelegenheit unserer Nordwolle-Debatte[15]. Weiter stehen wir uns in der für mich sehr wichtigen Frage der Haftungsbeschränkung doch ziemlich verständnislos gegenüber. Solche und andere Gegensätze lassen den Gedanken der gemeinsamen Bekenntnisfront mir so abwegig erscheinen, dass ich gar nicht auf den Gedanken gekommen bin, Sie könnten sich an unserer Reihe beteiligen, denn diese Reihe ist für uns eben eine Bekenntnisfront. Ich lebte übrigens des Glaubens, Sie wüßten von der Angelegenheit. Der Gedanke der Geheimhaltung hat mir ganz fern gelegen.

Andererseits kann ich beim besten Willen nicht einsehen, warum Sie deswegen ablehnen, mit uns im Seminar zusammenzuarbeiten. Das Seminar ist doch niemals eine Bekenntnisfront gewesen, sondern ein Debattierklub. Natürlich paßt man irgendwie zusammen und ist nicht *überall* uneins, insbes. stimmen wir ja in der Beurteilung der privaten Macht wohl ziemlich weitgehend überein. Aber was uns verbindet, ist doch im wesentlichen der Wille zur Wahrheit und zur Sauberkeit, sehr wichtig, aber nicht ausreichend für die Zwecke der Schriftenreihe.

Anders als in der Schriftenreihe liegt mir in dem Seminar an der Vielfältigkeit der Meinungen. Deswegen bitte ich Sie herzlich, uns nicht schlechthin zu verlassen, sondern mindestens gelegentlich uns die Freude des Meinungsaustausches zu machen.

[…]

---

[15] Möglicherweise ist mit „Nordwolle" das gleichnamige Industrieareal in Delmenhorst gemeint, das sich als „Stadt in der Stadt" um die „Norddeutsche Wollkämmerei & Kammgarnspinnerei" (gegr. 1884) mit einem eigenen sozialen Gefüge entwickelte. Siehe hierzu www.nordwolle.de.

IV. Brief an Staatssekretär Dr. Rothenburger (Berlin) vom 22. Februar 1943

Betr. Ihren Aufsatz in „Deutsches Recht“ über „Nahziele der Ausbildungsreform“

Sehr verehrter Herr Staatssekretär!

Mitten im Gerummel der neuen Ilmensee-Offensive der Iwans stoße ich in den Tageszeitungen (Frankfurter Zeitung vom 6. d. M.) auf Berichte über Ihren o.a. Aufsatz. Sie haben mich durch Herrn Letz zu einer Besprechung aufgefordert, woraus ich vielleicht schließen darf, daß meine Meinung Sie interessiert. Zur weiteren Einleitung noch dies: Ich habe persönlich nicht die geringste Hoffnung, jemals wieder an die leidenschaftlich geliebte Arbeit mit dem Nachwuchs kommen zu können (ganz im Sinne des Reichsmarschalls), glaube also Anspruch darauf zu haben, als rein sachlich bestimmt genommen zu werden, – und spreche vielleicht daher auch etwas offener mit Ihnen, als es unter normalen Umständen der Fall ist.

I. In allen *sachlichen* Fragen stimme ich Ihnen, teilweise sogar mit Begeisterung und besonderer Freude zu und bin nur der Auffassung, daß Ihre Gedanken nicht auf die Kriegsteilnehmerausbildung beschränkt werden sollten. Wenn man sich selbst im Laufe einer rund zwölfjährigen Tätigkeit ganz aus eigenen Antrieben zu gewissen z.T. ziemlich revolutionären Erkenntnissen durchgerungen und sie, in enger Zusammenarbeit mit gleichgesinnten Kollegen, schon nach Kräften verwirklicht hat, so ist es schon eine große Freude, wenn plötzlich ein Staatssekretär vom R.J.M. sich für genau dieselben Grundsätze einsetzt. Hier denke ich an folgende Punkte:

1. Die Methode, an bestimmten Stoffgebieten gründlich zu schulen und anderen Stoff dem so geschulten Nachwuchs zur eigenen Arbeit, sei es während des Studiums, sei es später, zu überlassen, halte auch ich für allein richtig. Ich stimme eben vor allem darin mit Ihnen überein, daß die Ausbildung in erster Linie klüger machen, ein bestimmtes Denken-können vermitteln soll. Dies geschieht durch Arbeit *am* Stoff, nicht durch eintrichtern *des* Stoffs. Der Stoff, so notwendig ein bestimmtes Wissen ist, ist also in der Hauptsache *Mittel* zum Zweck. In diesem Sinne also müssen wir schwerpunktmäßig in Bezug auf den Stoff arbeiten: also ausbilden an *dem* Stoff, der am lebenswichtigsten ist und die beste Möglichkeit zur Denkschulung bietet, z.B. Hypothek, Erbhof, Aktiengesellschaft. Das gilt aber m.E. auch für Nicht-Kriegsteilnehmer.
2. Seit 1935 halte ich eine Vorlesung zur Einführung in das Bürgerliche Recht ab, in welcher ich vom praktischen Fall ausgehe und von hier aus in B.G.B. und Bürgerliches Recht einführe. Dies halte ich für richtig ohne Rücksicht, ob Kriegsteilnehmer oder nicht.

3. Ebenso halte ich die Form der Arbeitsgemeinschaft mit dem von feinen Leuten gelegentlich belächelten Frage- und Antwortspiel für die einzig fruchtbare Art des Rechtsunterrichts (Rechts*geschichte* wahrscheinlich ausgenommen). Wer klüger werden will, muß den eigenen Verstand (und Gerechtigkeitsgefühl usw.) üben. Zu solcher Übung wird man durch den Zwang, selbst zu denken und Gedachtes zu formulieren, besser gebracht als durch passives Anhören. So sind wir Freiburger mehr und mehr auch in den systematischen Vorlesungen vom Vortrag zum Kolloquium übergegangen. Diese Methode läßt sich auch in den systematischen Vorlesungen durchführen, wo man nicht vom praktischen Fall, sondern von der rechtspolitischen Aufgabe auszugehen hat (daß dabei die Wirklichkeit *immer* gegenwärtig bleibt, ist selbstverständliche Notwendigkeit). Daß die Kriegsteilnehmer auf diese systematische Vorlesung (von Ihnen „deduktiv" wohl genannt) verzichten können, glaube ich allerdings nicht. Wir haben in Deutschland auch künftig ein Recht von abstrakten Rechtssätzen, nicht ein Case-Law – und es kann doch zu denken geben, daß die U.S.A. Rechtslehrer m.E. trotz Case-Law zum systematischen Unterricht wachsende Tendenz zeigen.

Andererseits ist die Form der Arbeitsgemeinschaft m.E. richtig, gleichgültig, ob es sich um Kriegsteilnehmer oder andere Studenten handelt. „So interessant und lebendig wie möglich" soll ja schließlich *jede* Vorlesung sein. Noch einmal: in allen sachlichen Fragen stimme ich Ihnen, vor allem in der Grundtendenz einer echten Wissenschaftlichkeit zu und möchte Ihre Gedanken nur auf jeden Rechtsunterricht erweitert wissen. Nur in der Frage der systematischen Vorlesung glaube ich auch in Bezug auf Kriegsteilnehmer anders sehen zu müssen, wobei ich die Kürze der Begründung mit den Umständen zu entschuldigen bitte.

II. In *personeller* Beziehung muß ich Ihre Ausführungen dahin verstehen, daß Sie von der Ausbildung der Kriegsteilnehmer alle Hochschullehrer ausschließen möchten, die *nicht* nebenamtlich als Richter, Rechtsanwälte usw. tätig sind. Das trifft die Mehrzahl; ich persönlich würde danach übrigens auch ausgeschlossen sein, von meinen Freiburger Kollegen alle außer Müller[16] und Erik Wolf[17], fer-

---

[16] Horst Müller (1886-1975) war im Zuge seiner akademischen Karriere eine Zeitlang Richter am Landgericht Erfurt. Dazu *Götz von Craushaar*, Freiburger Universitätsblätter 1975, S. 10 f.

[17] Erik Wolf war als Strafrechtler von 1937 bis 1944 Hilfsrichter am Landgericht Freiburg. Vgl. dazu *Alexander Hollerbach*, Erik Wolf (1902-1977): Zur Erinnerung an einen bedeutenden Freiburger Rechtsgelehrten, in: Verwaltungsblätter für Baden-Württemberg 2004, S. 443–447 (444).

ner z.B. Prof. Raape[18], Ihnen wohl bekannt, Wüstendörfer[19] usw. Statt dessen wollen Sie Beamte Ihres Bereiches mit dem Unterricht betrauen. Erlauben Sie mir, diesen Vorschlag zunächst einmal in seiner Lebensbedeutung aufzuzeigen. Auch ohne meine Kenntnis von der Begeisterung, mit welcher meine daheim arbeitenden Freiburger Kollegen sich der Ausbildung der Urlauber und Kriegsversehrten hingeben, weiß ich, daß *alle* deutschen Rechtslehrer sich keine schönere Aufgabe denken können als die Ausbildung der Kriegsteilnehmer. Wieviel mehr Freude die Arbeit mit reiferen Männern bietet, wissen wir bereits seit 1935, wo zuerst gediente Soldaten zu uns kamen, und vor allem brennen alle Hochschullehrer darauf, den Kriegsteilnehmern einen bescheidenen Dank abzutragen. Und von dieser schönsten Aufgabe wollen Sie die Mehrzahl meiner Kollegen, wenn ich Sie richtig verstehe, ausschließen? Und dies mit einer Begründung, die keineswegs nur ihre Unfähigkeit zur *Kriegsteilnehmer*ausbildung, sondern zu *jeder* Ausbildung feststellt. Denn es ist nicht einzusehen, wieso der Nicht-Kriegsteilnehmer einen weniger lebensnahen Unterricht braucht, als der Kriegsteilnehmer – eher würde das Gegenteil zutreffen, da jener mehr Lebenserfahrung mitbringt und also solchen Mangel leichter ausgleichen kann als dieser. Und jetzt bitte ich, ganz offen reden zu dürfen, unter Berufung auf die Vorrechte, die meine Lage hier mir gibt: Ich glaube ernsthaft, daß ein solcher Vorfall bei keinem anderen Volk möglich ist als nur bei uns. Ich habe gerade in diesen Tagen einen mich sehr betrübenden Bericht über unsere Kulturpolitik in den besetzten Westgebieten erhalten, aus dem ich ersehe, daß die böswillig eingestellten Kreise der Westvölker dort von dem Gegeneinanderarbeiten der verschiedenen deutschen Dienststellen genauso Vorteile ziehen, wie sich, wiederum nach älteren mir zugegangenen authentischen Berichten, dieses Gegeneinander z. B. in Spanien in einer für das deutsche Ansehen und die deutsche Kulturaußenpolitik schlimmen Weise ausgewirkt hat. Die Parallele zu Ihrem Vorschlag: wir Deutschen sind zu wenig auf vertrauensvolle Zusammenarbeit miteinander eingestellt, sondern allzusehr auf Mißtrauen gegeneinander einerseits, Erweiterung des eigenen Arbeits- und Machtbereichs andererseits. Verzeihen Sie mir, sehr verehrter Herr Staatssekretär, daß mich von diesem Gesichtspunkt und in meiner Lage hier tief erschüttert, wenn ein deutscher hoher und allgemein sehr geschätzter Justizbeamter in aller Öffentlichkeit die deutschen Hochschullehrer in ihrer Mehrzahl als für ihre amtliche Tätigkeit unfähig erklärt und die Zusammenarbeit mit Ihnen ablehnt.

Sie werden sich demgegenüber auf Ihre *Gründe* berufen. Diese Mehrzahl verfüge nicht über „praktische Begabung“ und könne den Lehrstoff nicht aus dem Leben schöpfen. Anders die Minderheit, die (in Ihrem Geschäftsbereich) nebenamtlich tätig sei. Beides halte ich für unrichtig. 1. Natürlich gibt es unbegabte

[18] Zu Leo Raape (1878-1964) siehe *Ulrich Magnus*, NDB 21 (2003) S. 58 f., ferner DBE 8 (1998) S. 107.

[19] Zu Hans Wüstendörfer (1875-1951) siehe oben bei *Hollerbach*, S. 22 (Anm. 15).

Professoren – aber nicht anders als es unbegabte Richter, Klempner, Ministerialbeamte, Kreisleiter, Studienräte, S.A.-Führer usw. gibt. Vielleicht überwiegen überall die Unbegabten. Aber das ist ja anderswo auch kein Grund, die Zusammenarbeit abzulehnen, en bloc oder in der Mehrzahl von der Arbeit auszuschließen. Und daß die Unbegabtheit gerade bei Professoren stärker vertreten ist, als in anderen Berufen, ist ein, allerdings verbreiteter, Mythos, der für jeden, der die Tatsachen nüchtern sieht, keinen Wert hat. Ich glaube, die deutschen Hochschullehrer soweit zu kennen, um mir ein Bild machen zu können. Man trifft dort, neben mancher einseitigen Versponnenheit, im allgemeinen erfreulich viel Lebensklugheit und Lebenskenntnis. Vielleicht sogar mehr als ausgesprochen pädagogische Begabung.

2. Für noch angreifbarer halte ich den Gedanken, als ob Nebenamt und Lebenserfahrung usw. miteinander zusammenhängen. Ich kenne die Gerichts- usw. Praxis nicht nur aus meiner Referendar-, sondern auch aus meiner fast dreijährigen Richtertätigkeit. Die Lebenskenntnis, auf deren Grundlage ich später wissenschaftlich gearbeitet habe, stammt nicht von dort, sondern aus der freien wissenschaftlichen Tätigkeit. Ich bin ohne jedes Amt ganz einfach in die Praxis gegangen und habe dabei tiefere Einblicke tun können, als der Richter, dem die Dinge doch immer frisiert vorgetragen werden. Auf der anderen Seite: Ich kenne nebenamtlich tätige Theoretiker, an denen die Nebenpraxis vorbeigeht, wie das Wasser am Pudel abläuft.

Der gesunde Menschenverstand, Blick für Lebenstatsachen und -notwendigkeiten, gesundes Gerechtigkeitsgefühl, das sind die Dinge, die der Hochschullehrer vor allem braucht und mit denen er in den allermeisten und wichtigsten Rechtsgebieten völlig auskommt. Soweit das nicht der Fall ist, wie z.B. Gesellschaftsrecht, Wirtschaftsrecht, stehen ihm zum Erwerbe der notwendigen Sonderkenntnisse und Sondereinsichten noch sehr viele andere und z.T. ergiebigere Wege zur Verfügung als das Nebenamt.

3. Schließlich Ihr Vorschlag, an die Stelle der ausgeschlossenen Professorenmehrheit den Praktiker treten zu lassen. Für mein Gefühl von funktionierendem Staat ist es wiederum etwas recht Alarmierendes, wenn Sie, Herr Staatssekretär, also öffentlich die Ansicht vertreten, die – zum Rechtsunterricht ja gar nicht amtlich berufenen – Herren Ihres Geschäftsbereiches verstünden vom Hochschulunterricht voraussichtlich mehr als die – dazu amtlich berufenen und dafür bezahlten – Hochschullehrer. Darüber hinaus stehe ich der weit verbreiteten Auffassung von der Lehrbegabung der Praktiker skeptisch gegenüber. Die weit überwiegende Mehrzahl ist glücklicherweise für die Tätigkeit begabt, für die sie da ist, und versteht vom Unterrichten entsprechend weniger – das Gegenteil wäre ja weder natürlich noch erfreulich. Die Tatsachen der Referendarausbildung sprechen m. E. nicht für Ihre Ansicht. Der Wille zur Lehrbetätigung und zur Mitwirkung an Ausbildungsreform hat in dieser Referendarausbildung ein sehr dankbares und wohl na-

türlicheres Arbeitsfeld als es die Übernahme des Hochschulunterrichtes darstellen würde.

Daß es Ausnahmen gibt, weiß ich. Und ich würde es für ganz falsch halten, wenn die Hochschulen ihnen verschlossen würden, schon im ureigensten Interesse der hauptamtlichen Hochschullehrer selbst, ferner im Hinblick auf das ständige Absinken der Zahl der Hochschullehrer.

Würde mir meine gegenwärtige Lage mehr Zeit und Ruhe gewähren, so würde ich mich bemüht haben, dieses Schreiben weiter auszufeilen, um jede überflüssige „Schärfe" herauszubringen. So mußte ich mich darauf beschränken, *deutlich* zu sprechen, wollte ich nicht ganz darauf verzichten, Ihnen zu sagen, was mich mein Interesse an der künftigen Rechtsentwicklung und meine besondere Achtung und Vertrauen Ihnen gegenüber auszusprechen getrieben haben. [...]

Gemeinsame Seminare von Hans Großmann-Doerth mit Freiburger Wirtschaftswissenschaftlern*

Semester	*Titel*	*Weitere Dozenten*
Wintersemester 1933/34	Seminar über Grundlagen und Ziele einer rechtlichen Neugestaltung der Wirtschaftsordnung	Adolf Lampe
Sommerhalbjahr 1934	Seminar über Kartellrecht und Kartellpolitik	Walter Eucken Franz Böhm
Winterhalbjahr 1934/35	Wirtschaftspolitisches und wirtschaftsrechtliches Proseminar	Walter Eucken Franz Böhm
	Seminar über Finanzierungsfragen	Rudolf Johns
Sommerhalbjahr 1935	Wirtschaftspolitisches und wirtschaftsrechtliches Proseminar	Walter Eucken Franz Böhm
	Betriebswirtschaftliches und juristisches Proseminar	Franz Böhm Rudolf Johns
Winterhalbjahr 1935/36	Wirtschaftspolitisches und wirtschaftsrechtliches Proseminar	Walter Eucken Franz Böhm
Sommerhalbjahr 1936	Wirtschaftspolitisches und wirtschaftsrechtliches Proseminar	Walter Eucken Franz Böhm
Winterhalbjahr 1936/37	Wirtschaftspolitisches und wirtschaftsrechtliches Proseminar	Walter Eucken
Sommerhalbjahr 1937	Wirtschaftspolitisches und wirtschaftsrechtliches Proseminar	Walter Eucken

* Zusammengestellt von Marc H. Speck. Die Ankündigungen (und Semesterbezeichnungen) sind den jeweiligen Vorlesungsverzeichnissen der Albert-Ludwigs-Universität Freiburg i.Br. entnommen.

Winterhalbjahr 1937/38	Wirtschaftspolitisches und wirtschaftsrechtliches Proseminar	Walter Eucken Franz Böhm
Sommerhalbjahr 1938	Wirtschaftspolitisches und wirtschaftsrechtliches Proseminar	Walter Eucken Bernhard Pfister
Winterhalbjahr 1938/39	Wirtschaftspolitisches und wirtschaftsrechtliches Proseminar	Walter Eucken Bernhard Pfister
Sommerhalbjahr 1939	Wirtschaftspolitisches und wirtschaftsrechtliches Proseminar	Walter Eucken Martin Lohmann Bernhard Pfister
Winterhalbjahr 1939/40[1]	Wirtschaftspolitisches und wirtschaftsrechtliches Proseminar (*geplant*)	Walter Eucken Martin Lohmann Bernhard Pfister
2. Trimester 1940	Wirtschaftsrechtliches Seminar	Walter Eucken und Martin Lohmann führen das Seminar ohne Großmann-Doerth durch[2]
1. Trimester 1941	Proseminar für Wirtschaftsordnung und Betriebspolitik	Walter Eucken Martin Lohmann und Vertreter der Praxis
Sommersemester 1941[3]	Proseminar für Wirtschaftsordnung und Betriebspolitik	Walter Eucken Martin Lohmann und Vertreter der Praxis

[1] Das Wintersemester 1939/40 fand nicht statt. Die Universität Freiburg wurde erst am 8. Januar 1940 wieder eröffnet.

[2] Großmann-Doerth befindet sich an der Westfront.

[3] Das Sommersemester 1941 ist das letzte Semester, in dem Großmann-Doerth Lehrveranstaltungen anbietet. Am 8. September wird er erneut zur Wehrmacht eingezogen.

Bibliographie Hans Großmann-Doerth

a) Schriften

Die Schuldformen des künftigen Strafrechts, Diss. jur. Hamburg 1923 (masch.).

Die Grenze von Vorsatz und Fahrlässigkeit. Ein neuer Beitrag zu einer alten Frage, Hamburg 1924. 104 S. (Hamburgische Schriften zur gesamten Strafrechtswissenschaft, hrsg. v. Moritz Liepmann, Heft 6).

Weltusancen für den Überseekauf, in: *Hanseatische Rechts-Zeitschrift* 8 (1925), Sp. 81–110.

Wege zur internationalen Vereinheitlichung der Handelsbräuche des Überseekaufs, in: *Hanseatische Rechts-Zeitschrift* 9 (1926), Sp. 115–117 (Bericht über einen Vortrag).

Der Jurist und das autonome Recht des Welthandels, in: *Juristische Wochenschrift* 1929, Sp. 3447–3451.

Das Recht des Überseekaufs. Bd. I, Mannheim: Bensheimer 1930. XXIV, 468 S. (Übersee-Studien zum Handels-, Schiffahrts- und Versicherungsrecht, hrsg. v. Hans Wüstendörfer und Ernst Bruck, Heft 11).

Der heutige Wirtschafts-Jurist in: *Monatsschrift für Kriminalpsychologie und Strafrechtsreform. Beiheft 3: Rechtsstaatsidee und Erziehungsstrafe*. Abhandlungen zur Erinnerung an Dr. iur., Dr. phil. Moritz Liepmann, Professor der Rechte und Richter in Hamburg, Heidelberg: Winter 1930, S. 77-89.

Reform des Gesetzes betreffend die Gesellschaft mit beschränkter Haftung, in: *Fünfter Deutscher Juristentag in der Tschechoslowakei. Gutachten*. Eger 1931, S. 166–263.

Neue HGB-Kommentare, in: *Prager Juristische Zeitschrift* XI (1931), Sp. 173–178 (Besprechung von Schrifttum zum Handels- und Wertpapierrecht).

Besprechung von Heinrich Kronstein, Die abhängige juristische Person, 1931, in: *Zentralblatt für die juristische Praxis* 50 (1932), S. 26–30.

Besprechung von Hans Müller, Cifgeschäft und Versicherung, 1932, in: *Zentralblatt für die juristische Praxis* 51 (1933), S. 784 f.

Selbstgeschaffenes Recht der Wirtschaft und staatliches Recht. Antrittsvorlesung. Freiburg i. Br.: Fr. Wagner'sche Universitätsbuchhandlung 1933. 31 S. (Freiburger Universitätsreden, Heft 10).

Geltung allgemeiner Geschäftsbedingungen. Erstattungspflichtige Aufwendungen des Spediteurs, in: *Prager Juristische Zeitschrift* XIII (1933), Sp. 6–12.

Besprechung von Schrifttum zum Handels- und Wirtschaftsrecht, in: *Prager Juristische Zeitschrift* XIV (1934), Sp. 270 f.

Besprechung von Schrifttum zum Handels- und Wirtschaftsrecht, in: *Prager Juristische Zeitschrift* XIV (1934), Sp. 300 f.

Die Rechtsfolgen vertragswidriger Andienung, Marburg: N.G. Elwert'sche Verlagsbuchhandlung G. Braun 1934. 211 S. (Arbeiten zum Handels-, Gewerbe- und Landwirtschaftsrecht, hrsg. v. Ernst Heymann, Bd. 74).

Sinnlos gewordenes liberales Wirtschaftsrecht – eine Aufgabe nationalsozialistischer Rechtserneuerung, in: *Hanseatische Rechts- und Gerichtszeitschrift* 17 (1934), Sp. 19–42.

Wirtschaftsrecht einschließlich Gewerberecht, in: *Die Verwaltungsakademie. Ein Handbuch für den Beamten im nationalsozialistischen Staat. Bd. II, Gruppe 2. Die einzelnen Rechtsgebiete.* Beitrag 36, 50 S. (o.J., vermutlich 1934/35).

Wirtschaftsrecht einschließlich Gewerberecht, in: *Grundlagen, Aufbau und Wirtschaftsordnung des nationalsozialistischen Staates*. Herausgegeben von H.-H. Lammers und Hans Pfundtner. 2. Bd. Der Aufbau des nationalsozialistischen Staates. Gruppe 2: Die einzelnen Rechtsgebiete. Beitrag 38, 52 S. (o.J., vermutlich 1937).

Unsere Aufgabe. Vorwort der Herausgeber zu: Franz Böhm, *Ordnung der Wirtschaft. Die Ordnung der Wirtschaft als geschichtliche Aufgabe und rechtsschöpferische Leistung*, Stuttgart, Berlin: Kohlhammer 1937, S. VII–XXI; zusammen mit Walter Eucken und Franz Böhm.

Soll die Gesellschaft mit beschränkter Haftung beibehalten werden?, in: *Hanseatische Rechts- und Gerichtszeitschrift* 20 (1937), Sp. 281–292.

Vom Kampf um die GmbH, in: *Hanseatische Rechts- und Gerichtszeitschrift* 21 (1938), Sp. 208–228.

Kampf um die Einmanngesellschaft m. b. H., in: *Deutsches Recht* 1 (1939) S. 9–17; Nachwort S. 106.

Wirtschaftsrecht einschließlich Gewerberecht, in: *Grundlagen, Aufbau und Wirtschaftsordnung des nationalsozialistischen Staates*. Herausgegeben von H.-H. Lammers und Hans Pfundtner. 2. Bd. Der Aufbau des nationalsozialistischen Staates. Gruppe 2: Die einzelnen Rechtsgebiete. Beitrag 38 (o.J., vermutlich 1939).

Recht der deutschen Wirtschaftsordnung, in: *Grundlagen, Aufbau und Wirtschaftsordnung des nationalsozialistischen Staates*. Herausgegeben von H.-H. Lammers und Hans Pfundtner. 2. Bd. Der Aufbau des nationalsozialistischen Staates. Gruppe 2: Die einzelnen Rechtsgebiete. Beitrag 38 (o.J., vermutlich 1941).

Zur Reform der Kommanditgesellschaft. Eine wirtschaftsverfassungsrechtliche Betrachtung, in: *Archiv für die civilistische Praxis* NF. 27 (1941), S. 1–25.

Alte und neue Probleme des Handelsrechts und die heutige HGB-Erläuterung. Bemerkungen zu dem HGB von Schlegelberger, erläutert von Geßler, Hefermehl, Herbig, Hildebrandt, Schröder, in: *Zeitschrift der Akademie für Deutsches Recht* 8 (1941), S. 121–124.

b) Mitherausgeber

Ordnung der Wirtschaft
Stuttgart und Berlin: Kohlhammer
Herausgegeben mit Franz Böhm und Walter Eucken

Heft 1: *Franz Böhm*, Die Ordnung der Wirtschaft als geschichtliche Aufgabe und rechtsschöpferische Leistung, 1937.

Heft 2: *Friedrich A. Lutz*, Das Grundproblem der Wirtschaftsverfassung, 1936.

Heft 3: *Hans Gestrich*, Neue Kreditpolitik, 1936.

Heft 4: *Leonhard Miksch*, Wettbewerb als Aufgabe, 1937.

Freiburger staatswissenschaftliche Schriften
Jena: Fischer
Herausgegeben mit
Clemens Bauer, Franz Böhm, Constantin von Dietze, Walter Eucken,
Adolf Lampe, Martin Lohmann, Bernhard Pfister und Julius Speer

Heft 1: *Cilly Böhle*, Die Idee der Wirtschaftsverfassung im deutschen Merkantilismus, 1940.

Heft 2: *Joseph Höffner*, Wirtschaftsethik und Monopole im fünfzehnten und sechzehnten Jahrhundert, 1941.

c) Betreute Dissertationen

Breithaupt, Klaus, Die Wettbewerbsregelung in der Brauwirtschaft und ihr Einfluß auf den Bierlieferungsvertrag, 1938.

Engelbrecht, Wolfram, Die schweizerische Gesellschaft mit beschränkter Haftung. Rechtsvergleichende Untersuchung im Hinblick auf die Probleme der Reform des deutschen GmbH-Gesetzes, 1938.

Fettweis, Karola, Der örtlich beschränkte Besitzstand an einer Warenausstattung, Schramberg 1940 (Freiburger rechtswissenschaftliche Arbeiten, 3).

Filbinger, Hans, Die Schranken der Mehrheitsherrschaft im Aktienrecht und Konzernrecht, Berlin 1942 (Neue Deutsche Forschungen. Abt. Bürgerliches Recht, Handels- und Wirtschaftsrecht, Bd. 12).

Gut, Hans, Die Marktordnung der deutschen Rundfunkwirtschaft bis zum Jahre 1945, 1946 (masch.). [Referent war zwar Franz Beyerle; die Arbeit war aber, wie Verfasser im Vorwort betont, ursprünglich unter Anleitung von Großmann-Doerth angefertigt.]

Jehne, Walter, Die Preisbindung bei Markenartikeln im ausländischen Recht, 1934.

Kock, Günther, Kopplungsgeschäfte, 1939.

Lahnstein, Peter, Fortentwicklung des Arbeitsrechts in den Tarifordnungen seit 1934, 1938.

Mayer, Alfred, Die Nichtigkeit der bürgerlich-rechtlichen Gesellschaft und ihre Rechtsfolgen, 1936.

Partsch, Karl Josef, Das Zurückbehaltungsrecht. Eine dogmengeschichtliche und rechtstatsächliche Studie, 1938.

Reese, Karl, Der Schutz der Hypothekengläubiger im Falle der Anfechtung des Versicherungsvertrages wegen einer vom Versicherungsnehmer begangenen arglistigen Täuschung. Zugleich ein Beitrag zu der Frage: Darf der Versicherer bei Anfechtung des Vertrages die Prämien einbehalten?, 1938.

Schütt, Hans, Das Recht der wirtschaftlichen Unternehmungen und der Grundsatz der verantwortlichen Führung. Möglichkeiten einer Umgestaltung des geltenden Rechts, 1936.

Sommer, Bernd, Schuldenhaftung für abhängige juristische Personen, 1936.

Stadler, Ruth, Die Regelung des Arbeitseinsatzes, 1937.

Tielsch, Elfriede, Beschränkte Haftung, 1935.

Vetter, Hans Georg, Die öffentliche Hand im Wettbewerb mit der privaten Wirtschaft, 1939.

Westermann, Dietrich, Die Bedeutung des Gesetzes zur Ordnung der nationalen Arbeit für die Lehre vom Betriebs- und Wirtschaftsrisiko, 1935.

Personenregister